GÉNIE ET FOLIE

RÉFUTATION D'UN PARADOXE

OUVRAGES D'ALBERT REGNARD

L'Athéisme, in-18, Londres, an 86-1878.

Aryens et Sémites, le bilan du Judaïsme et du Christianisme. Paris, Dentu. Tome Ier, 1 vol. in-18, 1890. Le tome II pour paraître prochainement.

Le Calendrier de l'Ère révolutionnaire et sociale, avec les noms des héros de l'humanité, disposés d'une façon systématique, suivi de la Bibliothèque matérialiste et socialiste, 1 vol. in-8°. Paris, 1er vendémiaire 101.

Essais d'Histoire et de Critique scientifiques, 1 vol. in-18. Paris, 1865.

Nouvelles Recherches sur la Congestion cérébrale, in-8°. Paris, 1868.

Force et Matière, par le professeur L. Büchner, 17e édition allemande, entièrement refondue et augmentée de cinq nouveaux chapitres, traduite par A. Regnard. 1 vol. in-8°, XLVI-540 pages. Paris, Reinwald, 1894.

ÉTUDES DE POLITIQUE SCIENTIFIQUE

L'État, ses origines, sa nature et son but, 1 vol. in-8°. Paris, an 93-1885.

Du Droit à l'assistance, ou dans quelle mesure l'assistance publique doit-elle être obligatoire, brochure in-8°. Paris, 1889.

De la Mortalité dans les Hôpitaux de province et de la nécessité d'une réforme radicale de l'Assistance publique, brochure in-8°. Paris, 1885.

De la Suppression des délits de vagabondage et de mendicité, brochure in-8°. Paris, Larose, 1898.

Chaumette et la Commune de 93, brochure in-8°. Paris, an 98-1889.

Histoire de l'Angleterre contemporaine, 1 vol. in-32. Alcan, 1882.

ÉTUDES D'ESTHÉTIQUE SCIENTIFIQUE

La Renaissance du drame lyrique (1600-1876). Essai de dramaturgie musicale, 1 vol. in-18. Paris, Fischbacher, 1895.

Paris. — L. MARETHEUX, imprimeur, 1, rue Cassette.

GÉNIE ET FOLIE

RÉFUTATION D'UN PARADOXE

PAR

A. REGNARD

PARIS

OCTAVE DOIN, ÉDITEUR

8, place de l'Odéon, 8

—

1899

GÉNIE ET FOLIE

RÉFUTATION D'UN PARADOXE

En cette fin de siècle décadente, un des spectacles les plus écœurants est celui qui nous est offert par d'étranges penseurs, empressés de rabaisser l'Humanité au niveau de leurs déplorables conceptions. Lorsque Moreau (de Tours), qu'on semble ignorer aujourd'hui, crut trouver dans un état pathologique du système nerveux l'explication du génie, il fit de son mieux pour atténuer ce que la théorie pouvait avoir de choquant et, j'oserai dire, d'antihumain. « Comme l'état mixte intellectuel, disait-il, comme l'état mixte affectif, les capacités ou aptitudes intellectuelles transcendantes ont leur source dans un état extra-physiologique des organes de la pensée. Le *génie*, c'est-à-dire la plus haute expression, le *nec plus ultra* de l'activité intellectuelle, une *névrose !* Pourquoi non ? On peut très bien, ce nous semble, accepter cette définition, en n'attachant pas au mot névrose un sens aussi absolu que lorsqu'il s'agit de modalités différentes des organes nerveux, en en faisant simplement le synonyme d'exaltation (nous ne disons pas trouble) des facultés intellectuelles.

« Le mot névrose indiquerait alors une disposition particulière de ces facultés, disposition participant toujours de l'état physiologique, mais en dépassant déjà les limites et touchant à l'état opposé, ce qui, d'ailleurs, s'explique si bien par la nature morbide de son origine(1). »

Si l'éminent aliéniste s'était borné, en effet, à faire du mot *névrose* le synonyme d'exaltation des facultés intellectuelles, il n'y aurait pas eu matière à discussion et, en somme, il aurait simplement présenté sous une forme étrange, une vérité banale. Mais en parlant de la « nature morbide » du génie, il démentait la première partie de sa proposition, et par la manière dont il a traité la question d'un bout à l'autre de son livre, il est tombé dans le paradoxe.

Encore n'a-t-il agi, je le répète, qu'avec une certaine discrétion. On n'y fait plus tant de façons, aujourd'hui. Sans sourciller, et comme s'il s'agissait de la chose la plus simple du monde, on vous met dans le même sac les fous, les criminels et les grands hommes. — Eh quoi! me dira-t-on, puisque vous avez franchi le pas, en acceptant l'assimilation, dans une certaine mesure, entre les fous et les criminels, qui vous retient d'aller jusqu'au bout (2) et d'accepter toutes les idées « modernes » sur la matière?

Mais c'est que les idées ne sont pas justes uniquement parce qu'elles sont « modernes ». C'est aujourd'hui une vérité irrémédiablement démontrée que les criminels, comme les fous, sont des *dégénérés*, des atypiques, des malades, si vous tenez à cette dernière expression. Ce sera la gloire de M. Lombroso, d'avoir confirmé la réalité de cette théorie, d'ailleurs proposée par d'autres.

(1) J. Moreau (de Tours). *La Psychologie morbide dans ses rapports avec la philosophie de l'histoire ou de l'influence des névropathies sur le dynamisme intellectuel*, p. 464. Paris, Masson, 1859.

(2) Voy. mon article *Criminalité*, dans le *Dictionnaire de médecine usuelle*, de Labarthe. Paris, Marpon et Flammarion, 1882.

Quel bonheur pour lui, s'il eût su se reposer sur ses lauriers !

Mais ceux que Jupiter veut perdre, il les aveugle ; et c'est ainsi que l'auteur de l'*Uomo delinquente* s'est lancé sur une mauvaise piste, au bout de laquelle il ne pouvait trouver que la culbute.

Malheureusement, il a entraîné à sa suite un certain nombre de chercheurs, et ces nouveaux dogmatiques n'ont pas hésité à se draper dans le manteau des philosophes et à se réclamer de la science, risquant ainsi de justifier, en apparence, le dernier aphorisme de l'École de la Foi à ce sujet. C'est là un crève-cœur, et véritablement le coup de pied de l'âne pour les philosophes matérialistes — il en existe encore (1) — qui voient la

---

(1) « De fait, parmi les philosophes de quelque valeur, où sont aujourd'hui les matérialistes ? C'est une espèce disparue. » A. Fouillée. *Le Mouvement idéaliste en France*, in *Revue des Deux Mondes*, mars 1896, p. 275.
Je ne voudrais pas ici dogmatiser. Mais comme je déteste les compromis et les sous-entendus, on me permettra de préciser mon opinion. Non, il n'existe plus de matérialistes au sens de Littré et de M. Fouillée, c'est-à-dire de soi-disant philosophes admettant que la matière est « ce que nous la concevons par les sciences physiques » et que, « l'esprit se ramène à des atomes de corps simples ». Je crois même qu'il n'en a jamais existé, ce dualisme idiot constituant un matérialisme d'occasion que les adversaires ont tiré de leur propre cervelle pour en avoir plus facilement raison.
Mais il existe encore, et il existera toujours, des penseurs croyant à l'éternité du monde et à la réalité de la Substance à la fois étendue et pensée, matière et force, corps et mouvement. Que si l'on objecte : Mais c'est du panthéisme ! Je répondrai qu'on a rangé sous ce titre deux doctrines absolument opposées. Il y a, d'une part, le panthéisme ou monisme religieux de Herr von Hartmann et consorts. Ce n'est qu'un théisme déguisé et qui n'a aucune chance de succès dans notre pays où l'on a très peu de tendance à se laisser aller aux absurdités d'un Schelling, par exemple, qui tomba du panthéisme dans le christianisme et finit par l'idiotisme. Mais il y a, d'autre part, le panthéisme de Spinoza et des Encyclopédistes, c'est une formule différente pour désigner la doctrine essentiellement positive qui considère l'univers comme le grand Tout, infini et incréé, excluant, par conséquent, toute idée de puissance extérieure et surnaturelle, d'âme immor-

vérité compromise une fois de plus par les théories stupéfiantes de soi-disant adeptes, égarés sur un terrain
qu'ils ne connaissent pas. C'est pourquoi j'ai voulu
démontrer définitivement l'inanité de ces théories que
j'avais depuis longtemps dénoncées, et qui ne tendent
à rien moins qu'à ruiner la notion même de l'Humanité
en établissant entre la folie et le génie — entre ce qu'il
y a de plus bas, d'une part, de plus sublime de l'autre —
une affinité monstrueuse, dont la preuve apparente ne
repose que sur un échafaudage de sophismes.

I

S'il était jamais possible de concevoir un lien de
parenté entre le génie et la folie, ce ne pourrait être
qu'en se plaçant au point de vue de l'hypothèse spiritualiste. Rien de plus simple pour les fidèles qui donnent
dans la chimère de l'âme immatérielle ; une pareille
entité, vestige des rêves « préhistoriques », serait susceptible de toutes les contradictions, le Dieu dont elle
émane pouvant lui souffler, à son gré, le génie ou la
folie. Les spiritualistes ne sont pas logiques ; en s'éle-
vant contre la théorie nouvelle, ils abandonnent un des
plus précieux privilèges de leur doctrine. Car c'est
l'avantage d'une âme immatérielle, de paraître « bonne
à tout », indépendante du phénomène, *inconditionnée*,

---

telle et de libre arbitre. D'Holbach n'hésite pas à attribuer à son
Système de la Nature la dénomination de panthéisme, qu'il considère à bon droit, en ce sens, comme synonyme d'athéisme. Panthéisme matérialiste ou matérialisme, c'est tout un.
En face de cette doctrine unitaire et adéquate, qui n'a pas
besoin de s'affubler du nom de *monisme*, déjà plus compromis
que celui de panthéisme — je n'en distingue qu'une autre, quelles
que soient ses formes, également dans tous les temps ; celle de
la métaphysique transcendantale et de la théologie, que je
persiste à désigner sous le titre inévitable de spiritualisme. (Voy.
la préface de ma traduction de *Force et matière*, de Buchner,
7e édit. française, p. XXXVII. Paris, Reinwald, 1894.)

et, dans son mode unique, susceptible de folie tout aussi bien que de génie.

Mais voilà ! Le monde est plein de contradictions, surtout le monde des métaphysiciens : ce furent précisément ces esprits « élevés », les hommes éclectiques et « sublimes » de la suite de Victor Cousin, qui crièrent à l'abomination quand Lélut tenta de prouver que l'âme de Socrate n'allait pas sans un grain de folie. Quoi! le maître de Platon et le maître de toute philosophie, selon eux — on osait l'envoyer à Anticyre — *naviget Anticyram!* Tas de médecins! Allez donc charcuter vos charognes et laissez-nous l'intelligence; à nous seuls philosophes, il appartient de la disséquer!

Ici, on me permettra d'ouvrir une parenthèse. Il est de mode, dans le public, de traiter les médecins de matérialistes et, le plus souvent, par euphémisme, de positivistes ; à ce dernier point de vue, les hommes de science devraient au moins savoir que, chez nous, les seuls sectateurs d'Auguste Comte se réclament de ce dernier titre, rejetant avec fracas celui de matérialistes, encore que leur doctrine soit essentiellement athée. Mais s'il est vrai que les plus grands entre les médecins, les Galien, les Cabanis, les Broussais ont été absolument émancipés de toute conception métaphysique et religieuse, ce n'est nullement le cas de la majorité. L'histoire nous montre tous les systèmes philosophiques, depuis les plus parfaits jusqu'aux plus baroques, représentés dans l'évolution des doctrines médicales et, c'est précisément par des médecins, par un Stahl, par un Heinroth, qu'ont été débitées les plus violentes inepties touchant le rôle de l'âme « immortelle » dans la genèse et la marche des maladies.

« La folie, dit notamment Heinroth, est la perte de la liberté morale : elle ne dépend jamais d'une cause physique, elle n'est pas une maladie du corps, mais une maladie de l'esprit, *un péché.* Elle n'est pas, elle ne peut pas être un mal héréditaire, parce que le moi pensant, l'âme, n'est pas héréditaire (1). » Ce qui est parfaitement logique, ladite âme immatérielle et non héréditaire — bien sûr! — n'ayant, du moins, que l'hérédité « divine » ne peut devenir malade que par le fait d'une « mauvaise conduite ». Le médecin Heinroth ne vous l'envoie pas dire : « L'homme qui a, pendant toute sa vie, devant les yeux et dans son cœur l'image de Dieu, n'a pas à craindre de jamais perdre la raison. » C'est clair !

Mais aujourd'hui, en dépit du mysticisme de l'époque, et du mouvement néo-chrétien, les hypothèses spiritualistes n'ont plus lieu dans le domaine de la science. Ce qui pouvait convenir à un soi-disant principe immatériel pensant, inconditionné, ne peut plus s'accorder avec la réalité de la substance, toujours déterminée dans ses modes. Rappelons d'abord ce principe, établi par Broussais, à savoir : que la maladie est le résultat du fonctionnement irrégulier des organes altérés (2). Or, tous les savants dignes de ce nom admettent la réalité de la proposition suivante, que je me borne à formuler :

PROPOSITION. — *La pensée est une fonction du cerveau* (3), *particulièrement des cellules nerveuses de la substance grise de l'écorce.*

Personne, cela étant admis, ne contestera la réalité

---

(1) Cité par Leuret. *Traitement moral de la folie.* Paris, 1840, p. 146. — Cf. Lasègue et Morel. *Études historiques sur l'aliénation mentale; École psychique allemande; Heinroth,* in *Annales médico-psychologiques,* 1844, p. 157. Heinroth, né en 1783, à Leipzig, est mort en 1843.

(2) Quelle que soit d'ailleurs la cause prochaine. Il est évident que l'invention des microbes ne modifie en rien cette définition.

(3) « Car intellect et cerveau ne sont qu'un » dit Schopenhauer. *Le Monde comme volonté et comme représentation,* trad. Burdeau, t. III, p. 206. Paris, Alcan.

des deux définitions suivantes, nécessaires à préciser avant tout développement :

DÉFINITION 1re. — *La folie est le trouble de la pensée.*

DÉFINITION 2. — *Le génie est l'état de plénitude et d'épanouissement de cette même pensée.*

Cela posé, de la précédente proposition découlent nécessairement ces deux corollaires :

Corollaire 1. — La folie est le résultat de l'altération des cellules nerveuses de la substance grise de l'écorce cérébrale.

Corollaire 2. — Le génie est le résultat du fonctionnement de ces mêmes cellules à leur plus haut degré de santé et de perfection. L'axiome demeure inébranlable : *mens sana in corpore sano*, à la condition d'entendre ici par *corpore* les cellules en question.

Voilà qui paraît démontré par les règles implacables de l'entendement. Par malheur, la recherche des causes, en dehors de tout esprit critique, chez les uns, le désir de se singulariser, chez les autres, ont remis en question ces vérités, beaucoup plus éternelles pourtant que celle de la théologie, même la plus « naturelle ». D'après Moreau (de Tours), comme on l'a vu plus haut, le génie est une névrose et le dernier enchérisseur, M. Lombroso, jaloux de préciser, en a fait une forme de l'épilepsie !

Si c'était vrai, il faudrait bien s'incliner ; comme l'a dit Sainte-Beuve : « Le vrai seul, et que le beau et le bien s'en tirent comme ils pourront (1). » Mais on n'a pas vu, jusqu'ici, la découverte de la vérité, même la plus inattendue, faire pâlir l'idée de justice ou de beauté ; ce qui serait un motif de plus pour regarder comme dépourvue de tout fondement l'hypothèse du « génie-folie ». Cependant, en présence des affirmations des adeptes, il

---

(1) *Correspondance*, tome II, p. 41. Lettre à M. Duruy.

n'est pas possible de se borner à la dédaigner. Dans sa critique du livre de M. Joly : *La Psychologie des grands hommes*, M. Charles Lévêque reproche à l'auteur d'avoir pris les choses trop à la légère et de n'avoir pas réfuté les théories de Moreau (de Tours) et de Lombroso. « Quant à cette dernière opinion, dit-il, M. H. Joly ne croit nullement qu'elle ne mérite pas d'être combattue ; il juge seulement qu'elle a été assez réfutée par M. Albert Lemoine (1) dans son livre sur *L'Âme et le corps*, et par M. Paul Janet (2) dans son ouvrage intitulé : *Le Cerveau et la pensée*. Il renvoie donc aux pages spirituelles de celui-ci et aux analyses de celui-là. Mais pourquoi n'a-t-il pas cité au moins quelques-uns des arguments de ces deux observateurs? Leurs raisons les plus fortes eussent été tout à fait à leur place (3). » Hélas ! je crains fort qu'aux yeux de M. Joly « leurs raisons les plus fortes » n'aient paru bien faibles : de sorte qu'il a préféré, lui aussi, s'en tenir à de simples affirmations, ou peu s'en faut.

La vérité est que la théorie, réfutée par la Raison autant que par l'Intuition, semble réunir, à son actif, un nombre si imposant de faits, qu'il faudrait bien convenir — ces faits étant reconnus exacts, — que la Raison s'est trompée et que l'Intuition s'est fourvoyée. C'est pourquoi il est nécessaire d'entrer dans le détail de toutes ces observations, de les contrôler, en faisant, avec le moins d'irritation possible, la part de l'erreur et du sophisme et celle de la vérité. C'est une tâche difficile, qui a été déjà entreprise (4), mais, qu'à mon avis, on n'a pas achevée.

---

(1) Cf. A. Lemoine. *L'Âme et le corps*, p. 233 sq., Paris, 1862.
(2) Cf. Paul Janet. *Le Cerveau et la pensée*, p. 87 sq., Paris, 1867.
(3) Charles Lévêque. *La Psychologie des grands hommes*, in *Journal des Savants*. Mai 1884, p. 239.
(4) Cf. W. Hirsch. *Genie und Entartung. Eine psychologische Studie*. Berlin, 1894.

La première chose à faire est de se rendre un compte exact de ce qu'on entend par les mots *génie* et *folie*. Pour le génie, d'abord, il est assez surprenant que les fauteurs de l'hypothèse de sa parenté avec la folie n'aient pas jugé à propos de bien définir le terme. Je sais que certains mots portent, pour ainsi dire, leur définition en eux-mêmes. Cependant, il n'aurait pas fallu oublier qu'un désaccord s'était établi touchant la signification de celui-ci depuis que le fameux Kant avait jugé convenable de se livrer à ce sujet aux considérations suivantes : « Le génie, dit l'inventeur de l'*impératif catégorique*, est le talent de produire ce dont on ne peut donner de règle déterminée, et non pas l'habileté qu'on peut montrer en faisant ce qu'on peut apprendre suivant une règle... Tout le monde s'accorde à reconnaître que le génie est tout à fait opposé à l'esprit d'imitation. Comme apprendre n'est pas autre chose qu'imiter, la plus grande faculté d'apprendre ne peut, comme telle, passer pour du génie... Ainsi, tout ce que Newton a exposé dans son immortel ouvrage des principes de la philosophie naturelle, quelle que forte tête qu'il ait fallu pour trouver de telles choses, on peut l'apprendre ; mais on n'apprend pas à composer de beaux vers, si détaillés que soient les préceptes de la poésie et si excellents qu'en soient les modèles (1). »

Voilà encore une énormité, échappée à la plume de ce philosophe, que Schopenhauer, après tout, n'a tant exalté que pour l'aplatir ensuite, paraissant ainsi démontrer sa propre supériorité par rapport au « plus grand » des penseurs et par conséquent, en ce qui le concerne, lui, Schopenhauer (2), sa suprématie universelle.

(1) Kant. *Critique du jugement*, trad. Barni. Paris, 1846, t. I, p. 253-255.
(2) Voy. sa *Critique de la Philosophie de Kant*.

« *Inventer* ou *découvrir* quelque chose, dit le même Emmanuel Kant, sont fort différents l'un de l'autre. En effet, la chose qu'on découvre existe avant qu'elle soit découverte. Ce qu'on invente, au contraire, est absolument inconnu avant l'artiste qui le produit. Le talent de l'inventeur s'appelle génie. » Ainsi, l'Amérique et la circulation du sang existaient avant Colomb et Harvey, cela n'est pas douteux ; aussi, ces gens-là ne sont-ils pas des génies. Mais parlez-nous de Wieland ; en voilà un ! Cela ne paraît pas vraisemblable ; c'est pourtant vrai, comme dit Boileau, et ces choses se peuvent lire au paragraphe 56 de l'*Anthropologie* (1).

Sans doute, en Allemagne même, la réfutation ne se fit pas attendre : « Certainement, dit Jean Paul, on peut apprendre les *Principes* de Newton comme on peut apprendre des vers ; mais on ne peut pas plus apprendre à trouver les *Principes* de Newton qu'à imaginer des poèmes » (2). N'importe, le coup était porté, et bien des gens, encore aujourd'hui, n'admettent que le génie dans l'art.

Kant, au surplus, me fait l'effet d'avoir tout simplement pillé Helvétius, dont il a dénaturé les idées, en s'efforçant de les raffiner sans les bien entendre.

Voici ce que dit notre grand philosophe :

« Le public place également au rang des génies, les Descartes, les Newton, les Locke, les Montesquieu, les Corneille, les Molière, etc. Le nom de génies qu'il donne à des hommes si différents, suppose donc une qualité commune qui caractérise en eux le génie.

« Pour reconnaître cette qualité, remontons jusqu'à l'étymologie du mot *génie*, puisque c'est communément dans ces étymologies que le public manifeste le plus clairement les idées qu'il attache aux mots.

---

(1) Traduction Tissot, p. 172. Paris, 1863.
(2) Jean-Paul. *Das Kampaner Thal*. 503. Station.

« Celui de *génie* dérive de *gignere, gigno;* j'*enfante,* je *produis;* il suppose toujours *invention :* et cette qualité est la seule qui appartienne à tous les génies différents.

« Les inventions ou les découvertes sont de deux espèces. Il en est que nous devons au hasard ; telles sont la boussole, la poudre à canon, et généralement presque toutes les découvertes que nous avons faites dans les arts.

« Il en est d'autres que nous devons au génie : et, par ce mot de découverte, on doit alors entendre une nouvelle combinaison, un rapport nouveau aperçu entre certains objets ou certaines idées. On obtient le titre d'homme de génie, si les idées qui résultent de ce rapport forment un grand ensemble, sont fécondes en vérité, et intéressantes pour l'humanité (1). »

Et plus loin :

« Il est impossible qu'un grand homme ne soit pas toujours annoncé par un autre grand homme. Les ouvrages du génie sont semblables à quelques-uns de ces superbes monuments de l'antiquité, qui, exécutés par plusieurs générations de rois, portent le nom de celui qui les achève...

« Quelque rôle que je fasse jouer au hasard, quelque part qu'il ait à la réputation des grands hommes, le hasard ne fait rien qu'en faveur de ceux qu'anime le désir vif de la gloire.

« Ce désir, comme je l'ai déjà dit, fait supposer sans peine, la fatigue de l'étude et de la méditation. Il donne un homme de cette constance d'attention nécessaire pour s'illustrer dans quelque art ou quelque science que ce soit. C'est à ce désir qu'on doit cette hardiesse

---

(1) Helvétius. *De l'Esprit.* Paris, 1759, p. 356. Discours IV, chap. Ier.

du génie qui cite au tribunal de la raison les opinions, les préjugés et les erreurs consacrées par les temps (1). »

Dans un ordre d'idées tout opposé à celui de Kant, nous avons la belle définition de M. Pierre Laffitte, l'éminent directeur actuel du Positivisme : « Un grand homme, c'est celui qui résout, pour les successeurs, un problème difficile posé par les prédécesseurs. » Malheureusement, cette formule, adéquate pour ce qui regarde les grands politiques, les philosophes et les savants, me semble exclure à son tour, le génie dans l'art. Je ne vois pas que les drames d'un Eschyle ou d'un Euripide soient inférieurs à ceux d'un Racine ou d'un Corneille ; je trouve même que c'est le contraire, à tous les points de vue. Je comprends bien que les horreurs Byzantines et les tâtonnements indispensables des Primitifs aient posé de nouveau le problème du Beau dans la peinture, résolu définitivement par Raphaël, Léonard, le Titien et leurs émules ; c'est là un point sur lequel tout le monde tombera d'accord, quand la mode aura pris fin de ce « Préraphaélisme » dont l'Angleterre, — qui nous l'a repassée, — est à peu près guérie aujourd'hui. Mais cette préparation ne fut nécessaire que parce qu'on avait oublié l'antiquité. Les sculptures du Parthénon ne le cèdent en rien au *Moïse* de Michel-Ange, si tant est qu'elles ne le dépassent de beaucoup et, d'une façon générale, il n'y a plus eu de problème à résoudre, depuis le siècle de Périclès et de Phidias, dans le domaine des arts plastiques.

Restons dans les généralités et disons avec Carlyle : Le génie, c'est la caractéristique des grands hommes, des héros, pour emprunter son expression, et plus exactement dans notre langage, des *Héros de l'Humanité*. « L'histoire du monde est, au fond, l'histoire des grands

---

(1) *Ibid.*, p. 358 sq.

hommes qui ont travaillé ici-bas. Ceux-là furent les chefs, les types et, dans le sens large du mot, les créateurs de tout ce que la masse des humains a pu réaliser ou atteindre ; tout ce que nous voyons, tout ce que nous avons vu s'accomplir dans le monde est, à proprement parler, le résultat matériel et apparent, la réalisation positive et l'incarnation des pensées des grands hommes; l'âme de l'histoire du monde n'est que leur histoire même (1). »

Qu'ils s'appellent Aristote, Périclès ou Shakespeare, ajouterai-je, ceux-là sont des génies qui, appartenant à une race supérieure (2), ont résumé dans leur œuvre, et pour leur temps, les acquisitions du passé, la quintessence du présent et les aspirations de l'avenir.

Et loin que l'Esthétique soit le domaine exclusif du génie, je dirai encore, contre Kant, que celui-ci se manifeste plus complet, plus essentiellement humain, dans la Science et la Philosophie, aussi bien que dans la Politique. Certes, la masse prend sa part de la tâche, prépare le terrain pour l'éclosion des grands hommes. « Mais sans leur action indipensable, aucun progrès ne se peut réaliser. Ils sont la vitalité des peuples qui, sans eux, s'étiolent et périssent. Sans doute, ils sont aussi une résultante, et, à cet égard, malheur aux nations qui n'en produisent plus ! Malheur aussi à celles qui les méconnaissent! Il n'y a pas de signe plus certain de l'épuisement d'une race, comme il n'y

---

(1) Carlyle. *On Heroes* (1840). Lecture I, page 1 (de la *People's édition*).

« S'il manquait trente personnes (trente certaines personnes, bien entendu) dans l'histoire du monde, dit M. Pierre Laffitte, l'état mental de l'Humanité serait extrèmement médiocre. » (Cours de Sociologie fait à la salle Gerson, leçon du 4 fév. 1883, inédit.)

(2) « Un Zoulou supérieur à ses compatriotes, sera un grand Zoulou, mais rien de plus », dit excellemment M. H. Joly. (*Psychologie des grands hommes*, p. 41, 2ᵉ édit. Paris, 1894.)

en a pas de plus assuré de l'imbécillité des individus (1). »

Cette doctrine, qu'on l'entende bien, n'a rien de commun avec l'inepte théorie des « hommes providentiels », dite encore du « doigt de la Providence », en vertu de laquelle les grands hommes surgiraient mystiquement dans les moments critiques, pour le salut des peuples. Une autre niaiserie consiste à voir, dans leur apparition, l'effet unique des circonstances. « Le siècle les appelle, dit-on. Hélas ! que nous avons vu de siècles appeler leur grand homme, sans le trouver ! Il n'était pas là ; la Providence ne l'avait pas envoyé, et le siècle, l'appelant de plus en plus fort, finissait par s'abîmer dans la ruine et la confusion, parce que le héros n'avait pas répondu à son appel (2). »

Quelle que soit la théorie qu'on admette, c'est dans le cerveau, dans les aptitudes psychiques que l'on va, d'un commun accord, chercher la caractéristique essentielle du génie et, parmi ces aptitudes, dans la mentale ou intellectuelle. Non pas que l'activité, la volonté y soient étrangères, l'absence de ces qualités au contraire amenant, dans un grand nombre de cas, l'avortement du grand homme ; de même pour les facultés affectives, indispensables surtout dans le domaine de l'Esthétique, mais nécessaires dans tous les cas (3).

Mais enfin, ce n'est ni dans la volonté, ni dans le sentiment, c'est dans l'intelligence même qu'il faut chercher la caractéristique essentielle du génie. Et dans quelle partie de l'intelligence ?

(1) A. Regnard. *L'État, ses origines, sa nature, son but*, p. 63, 1 vol. in-8, 1885.

(2) Carlyle, *loc. cit.*, p. 12.

(3) « Il faut de la moralité, surtout des sentiments élevés chez le grand homme ; pour le devenir, on s'expose parfois à mourir de faim. Guizot, par exemple, n'a rien produit, parce qu'il a voulu être un personnage officiel, et ainsi de tant d'autres; j'entends ici la haute moralité; je ne parle pas des petits détails. » (Pierre Laffitte, *loc. cit.*).

Non pas dans l'ensemble des idées de l'ordre abstrait, ou concepts, en un mot « dans ce qu'on a de tout temps appelé Raison (1); » mais bien dans l'*entendement* proprement dit qui, par l'*intuition*, nous donne la connaissance du monde extérieur. « Toute force, toute loi, toute circonstance de la nature où elles se manifestent, doivent d'abord être perçues par intuition, avant de pouvoir se présenter à l'état abstrait aux yeux de la raison dans la conscience réfléchie. Ce fut une conception intuitive et immédiate de l'entendement que cette découverte due à R. Hooke, et confirmée ensuite par les calculs de Newton, permettant de réduire à une loi unique des phénomènes si nombreux et si importants. Il en est de même de la découverte de l'oxygène par Lavoisier, avec le rôle essentiel que joue ce gaz dans la nature ; ou encore de celle de Gœthe sur le mode de formation des couleurs naturelles.

« Toutes ces découvertes ne sont autre chose qu'un passage immédiat et légitime de l'effet à la cause, opération qui a conduit bientôt à reconnaître l'identité essentielle des forces physiques agissant dans toutes les causes analogues ; tout ce travail scientifique est une manifestation de cette constante et unique fonction de l'entendement, qui permet à l'animal de percevoir la cause qui agit sur son corps comme un objet dans l'espace. Il n'y a qu'une simple différence de degré. Ainsi, une grande découverte est, au même titre que l'intuition et que toute manifestation de l'entendement, une vue immédiate, l'œuvre d'un instant, un « apperçu » (*sic*), une idée, et nullement le produit d'une série de raisonnements abstraits ; ces derniers servent à fixer, pour la raison, les connaissances immé-

---

(1) « Kant est le seul qui ait obscurci cette conception de la raison », Schopenhauer, *loc. cit.*, t. I, p. 7.

diates de l'entendement, en les enfermant dans des
concepts ; autrement dit, à les rendre claires et intelli-
gibles, propres à être transmises et expliquées aux
autres (1) ».

Voilà donc, pleinement indiquée, la caractéristique
essentielle du génie : c'est, dans l'Entendement, l'Intuition à sa plus haute puissance. Le grand homme, en
vertu de cette qualité, de cette aptitude, *sublimée*, pour
ainsi dire, perd de plus en plus conscience de lui-même
pour s'identifier avec le monde extérieur. « Pour parler
sans métaphore, dit encore Schopenhauer, le génie
consiste dans un développement considérable de la
faculté de connaissance, développement supérieur aux
besoins du service de la volonté... *L'essence du génie
est donc un excès anormal d'intelligence, dont le seul
emploi possible est l'application, à la connaissance, de
ce qu'il y a de général dans l'être; il est donc consacré
au service de l'humanité entière, comme l'intellect normal
l'est à celui de l'individu* (2.) » Admirable définition et
complètement adéquate, surtout quand on y aura joint la
proposition suivante : « L'état requis pour une objecti-
vité pure de l'intuition (caractéristique essentielle du
génie) comporte la *perfection du cerveau* et, en général,
*tout ce qui, dans sa constitution physiologique, favorise
son activité* (3). »

C'est par l'intuition qu'un Shakespeare et un Molière,
mis en présence de deux pièces médiocres et fantasma-
goriques, voient immédiatement le parti à en tirer et
créent ces deux chefs-d'œuvre qui s'appellent *Hamlet* et
Don Juan. C'est grâce à l'intuition qu'un Alexandre
conçoit la possibilité de donner à la civilisation grecque
l'empire du monde et qu'un Richelieu entrevoit la con-

(1) *Ibid.*, t. I, p. 23.
(2) *Ibid.*, t. III, p. 189.
(3) *Ibid.*, t. III, p. 179.

solidation de la grandeur et de l'unité françaises par
l'écrasement de la noblesse protestante à l'intérieur et
par le relèvement et le triomphe du protestantisme à
l'extérieur, aux dépens de la maison d'Autriche ; l'énergie et la persistance, qui sont aussi des qualités du génie,
leur permettent de mener à bien l'une et l'autre entreprise.

L'Intuition correspond, en ce sens, à ce qu'on appelle
vulgairement « inspiration », terme qui pouvait avoir
toute sa force au temps heureux où l'on croyait aux
Muses, « déesses partout présentes et sachant toutes
choses (1) ». D'autre part, elle rentre aussi, surtout pour
ce qui regarde l'Esthétique, dans la définition donnée
par le plus grand des philosophes : « L'épopée, dit Aristote, la tragédie, le dithyrambe, la musique, tout cela
c'est, au fond, et en général, de l'imitation : πᾶσαι
τυγχάνουσιν οὖσαι μίμησις τὸ σύνολον (2)».

Oserai-je dire que Jean Paul n'a rien voulu comprendre
à cette définition ? De fait, il y introduit une notion de
beauté, absolument étrangère, dans l'espèce, à la pensée
de l'auteur (3). Il ne s'agit, en effet, ni de nihilisme, ni
de matérialisme, ni de l'exclusion de l'un et de l'autre ;
mais simplement de cette vérité, à savoir que l'artiste
ne peut reproduire que des personnages ou des sentiments existants. « Ce sont des êtres humains que la
tragédie et la comédie mettent en jeu, dit très bien —
pour une fois ! — Barthélemy Saint-Hilaire ; le poème
épique n'a pas d'autres éléments. La peinture, la sculp-
ture reproduisent l'homme et d'autres êtres naturels. La
musique n'excite en nous que des sensations déjà connues et des passions qu'elle n'invente point (4) ».

---

(1) *Iliad.*, II, v. 485.
(2) Aristote. *Poet.*, 2.
(3) Jean Paul. *Vorschule der Aesthetik*, I, § 1.
(4) Barthélemy Saint-Hilaire. Traduction de la *Poétique* d'Aristote (Préface, p. XII).

C'est dans le même sens que Schopenhauer a dit : « Toute œuvre d'art tend donc à nous montrer la vie et les choses telles qu'elles sont dans leur réalité, mais telles aussi que chacun ne peut les saisir immédiatement à travers le voile des accidents subjectifs et objectifs ». C'est l'Intuition qui, chez l'homme de génie, fait tomber ce voile.

Cette propriété qu'ont les grands hommes d'apercevoir immédiatement et d'un seul coup ce qui reste caché au commun des mortels, répond également, pour une part, à ce qu'on a appelé le caractère instinctif, « l'instinctivité » du génie. C'est là pour Jean Paul la marque essentielle, le signe. La force dominante chez le poète, selon lui, c'est l'Inconscient. « Par là, un des plus grands, comme Shakespeare, découvre et livre des trésors qu'il ne peut pas plus apercevoir que son propre cœur dans sa poitrine... Si nous avions une conscience complète de nous-mêmes, nous serions nos propres créateurs, nous serions infinis. Un sentiment, qu'on ne peut effacer, met en nous, au-dessus de toutes nos créations, quelque chose d'obscur qui n'est pas notre création, mais plutôt notre créateur. Ainsi nous marchons, comme Dieu parut au Sinaï, avec un bandeau sur les yeux... L'instinct, c'est le sens de l'avenir, il est aveugle, mais comme l'oreille est aveugle par rapport à la lumière, et l'œil sourd par rapport au son.... C'est à lui que nous devons d'abord la religion — la crainte de la mort — la superstition — la divination — puis la soif de l'amour — la croyance au diable — le romantisme, cette matérialisation du monde spirituel, aussi bien que la mythologie grecque, cette divinisation du monde matériel (1). » Après ces considérations générales, J. P. Richter passe à l'examen de l'instinct chez

(1) Jean-Paul, *loc. cit.*, III. § 12.

l'homme de génie, c'est-à-dire, suivant son expression, de la *matière géniale (genialen Stoff)*. Le « génie dans son essence, possède et manifeste un attribut essentiel : une conception, une intuition nouvelle du monde... Une mélodie court parmi toutes les stances du chant de la vie : le poète n'en crée que la forme extérieure... Lorsqu'il se rencontre des hommes chez lesquels l'instinct du Ciel parle plus haut et plus clairement que chez d'autres, s'il leur apprend à concevoir aussi celui de la Terre, alors on voit l'harmonie et la beauté rayonner de ces deux mondes et en former un Tout... et cela, c'est le génie, — et la réconciliation du Ciel et de la Terre, c'est l'idéal (1) ».

N'oublions pas que nous sommes ici en plein dans l'ère « des sophistes postérieurs à Kant », comme dit Schopenhauer. Mais, à travers le transcendantalisme des métaphores, on aperçoit très bien l'identité des conclusions de J. P. Richter avec celles de ce dernier philosophe ; c'est l'Inconscient qui, sous l'aspect de l'Intuition, réalise le génie.

Dans son intéressant volume sur la *Psychologie des grands hommes*, M. Henri Joly semble avoir, de parti pris, méconnu complètement cette vérité. En sa qualité de champion du libre arbitre, il ne peut admettre que rien d'humain s'accomplisse au dehors de la volonté, par quoi il entend un phénomène toujours libre et inconditionné (2). Ce n'est pas le lieu de discuter l'hypothèse du libre arbitre ; disons seulement qu'elle aurait reçu le coup de grâce, si elle en avait eu besoin, par le fait de la démonstration irréfutable du caractère intuitif, inconscient, du génie ; ce qui n'est d'ailleurs que l'exagération des phénomènes normaux observés chez le com-

---

(1) *Ibid.* § 15.
(2) Joly, *loc. cit.*, p. 213 sq.

mun des mortels (1). Pas n'était besoin de s'en prendre à ce pauvre M. de Hartmann, dont l'inconscient finit par apparaître comme le Dieu quasi personnel sortant « de la machine » de son panthéisme aussi ridicule que religieux.

Et ce n'est pas seulement dans Jean Paul, c'est chez Schiller et chez Goethe que se retrouve la vraie théorie. « J'ai combattu Schelling, écrit Schiller le 27 mars 1801, à propos de cette assertion émise par lui dans sa *Philosophie transcendantale*, à savoir que la nature procède de l'« inconscient au conscient », tandis que l'art suit la marche inverse. Pour ce qui regarde l'opposition entre l'art et la nature, il a raison. Mais je crains fort que Messieurs les idéalistes, pour l'amour de leurs idées, ne négligent un peu trop le fait, l'expérience ; dans le fait, le poète aussi commence par l'inconscient et il doit s'estimer trop heureux si, par la conscience de ses opérations, après le travail accompli, il arrive à retrouver la première et obscure idée d'ensemble de son œuvre. Sans une telle idée obscure, mais puissante, antérieure à toute technique, aucune œuvre poétique n'est possible, et la poésie, même, me semble consister en ceci : pouvoir exprimer et communiquer cet inconscient, c'est-à-dire le transformer en un objet (2). » La réponse de Goethe n'est pas moins intéressante. « Je suis tout à fait de votre avis et je vais même plus loin. Je crois que tout ce que le génie exécute, il le fait d'une façon inconsciente ; aucune œuvre de génie ne peut être perfectionnée par la réflexion, affranchie de ses défauts. Mais le génie peut, par la réflexion, s'élever peu à peu au point de produire des œuvres par-

---

(1) Cf. C. Ribot. *Les Maladies de la volonté*. Paris, Alcan, 1884.
(2) *Goethe und Schiller Briefwechsel*, t. VI, p. 33, n° 784. (Cité dans l'important article *Génie*, de l'Encyclopédie de Ersch und Grüber.)

faites (1) ». C'est là, pour une part, ce que Goethe appelle le *démoniaque*, expression qui chez ce grand athée, ai-je besoin de le dire, n'a aucun rapport avec les niaiseries du transcendantalisme religieux ou métaphysique. L'auteur de *Faust* nous montre aussi, du même coup, le rôle de la réflexion dans l'œuvre de génie. Cela, personne que je sache, n'a songé à le nier et M. Joly a bien tort de perdre son temps à établir un fait incontesté et incontestable. Mais il n'est pas vrai que « ce qu'on appelle inconscient dans la vie intellectuelle, dans l'art et dans la science, soit de la réflexion accumulée (2) ». En vain cet auteur nous cite la *Joconde* « restée quatre ans sur le chevalet » ! Mais d'abord, je crois bien, — et je ne suis pas le seul — que si le grand Léonard y a mis tout ce temps-là, c'est sans doute un peu pour l'amour de l'art, mais beaucoup, assurément, pour celui du modèle. Dans tous les cas, l'intuition, du premier coup, a fait tomber pour lui les voiles qui dérobent aux profanes la beauté dans sa réalité objective, et d'emblée, il a vu sur la toile, dans son ensemble, le visage voluptueux et merveilleux dont les traits, encore qu'obscurcis, nous ravissent toujours. La réflexion, au cours du travail matériel, a contribué à l'achèvement de l'œuvre, en la ramenant enfin au point de départ, à l'idée d'ensemble entrevue dès le début.

L'Intuition, à sa plus haute puissance, attribut essentiel du génie, ne va pas sans l'imagination, cela n'est pas douteux ; mais, ici, il faut s'entendre. Voltaire, que les philosophes « modernes » devraient bien relire quelquefois, va nous donner ici la pleine lumière. L'imagination est le pouvoir que chaque être sent en soi de se

---

(1) *Ibid.*, t. V., p. 257.
(2) Joly, *loc. cit.*, p. 235.

représenter dans son cerveau les choses sensibles. Il y
en a deux sortes : l'une qui consiste à retenir une simple
impression des objets (imagination passive) ; l'autre qui
arrange ces images revues et les combine en mille manières (imagination active). « L'imagination active est
celle qui joint la réflexion, la combinaison à la mémoire...
elle semble créer, quand elle ne fait qu'arranger : *car il
n'est pas donné à l'homme de se faire des idées; il ne
peut que les modifier.* Cette imagination active est donc
au fond une faculté aussi indépendante de nous que
l'imagination passive ; et une preuve qu'elle ne dépend
pas de nous, c'est que si vous proposez à cent personnes
également ignorantes d'imaginer telle machine nouvelle,
il y en aura quatre-vingt-dix-neuf qui n'imagineront
rien malgré leurs efforts. Si la centième imagine quelque
chose, n'est-il pas évident que c'est un don particulier
qu'elle a reçu ? C'est ce don que l'on appelle *génie* ; c'est
là qu'on a reconnu quelque chose d'inspiré et de divin (1). »

Voilà qui va mettre fin, je crois, à toutes les contro-
verses et résoudre la dissonance, préparée par un mal-
entendu. Ce que, d'après Schopenhauer, j'ai désigné
sous le nom d'Intuition, correspond presque entièrement
à ce que Voltaire, Jean Paul, M. Charles Lévêque (2)
et beaucoup d'autres entendent par imagination. Mais
rien que le fait de la division nécessaire de celle-ci en
active et en passive, montre la différence énorme, surtout
quand on en vient au détail, des deux ordres d'aptitudes
comprises à tort sous un même nom. L'active doit donc
se résoudre dans l'Intuition, infiniment plus compréhen-
sive, et il ne reste plus que l'Imagination tout court,
indispensable aussi, cela n'est pas douteux, à la réalisa-

(1) Voltaire. *Dictionn. philos.*, art. *Imagination.*
(2) Schopenhauer, *loc. cit.*, t. I, p. 193.

tion du génie. « Grâce à elle, l'horizon s'étend bien au delà de l'expérience actuelle et personnelle de l'homme de génie, il se trouve ainsi en état, étant donné le peu qui tombe sous son aperception réelle, de construire tout le reste et d'évoquer ainsi devant lui presque toutes les images que peut offrir la vie. L'imagination agrandit donc le cercle de la vision du génie, elle l'étend au delà des objets qui s'offrent effectivement à lui. »

C'est ainsi, dirai-je, qu'un Balzac arrive à reproduire, dans d'immortels chefs-d'œuvre, les réalités poignantes de la vie humaine : l'intuition lui en a fait d'un seul coup pénétrer le caractère ; l'imagination les lui met pour ainsi dire sous les yeux. Mais celle-ci, ainsi comprise, l'imagination passive de Voltaire, après tout, n'en demeure pas moins au nombre de ce qu'on a appelé : « les pouvoirs inférieurs de l'âme ». Si la puissance considérable de l'imagination est une des conditions du génie, il n'en est pas moins vrai que les hommes d'une intelligence ordinaire peuvent, eux aussi, avoir beaucoup d'imagination. En un mot, cette faculté, cette aptitude est un des auxiliaires du génie ; elle ne suffit pas à le constituer.

Qu'on l'entende bien, d'autre part, cette haute puissance d'intuition, qui n'est donnée qu'à un nombre infinitésimal d'individus, n'a cependant rien d'anormal, rien d'extra-physiologique.

Le génie n'est pas un monstre. Comme dit M. le professeur Séailles : « Il se développe comme la vie, en même temps qu'elle, par l'effort des générations successives, dont les acquisitions, transmises par l'hérédité, modifient et perfectionnent l'organisme (1). » Mais il n'est pas vrai qu'il soit partout présent, chez les plus humbles comme chez les plus grands, etc., etc. D'autre

---

(1) Séailles. *Le Génie dans l'art*, p. 71. Paris, 1883.

part, ce n'est pas un état morbide, hors nature ; c'est un phénomène exceptionnel, voilà tout. On ne voit pas tous les jours des individus âgés de cent ans et plus ; pourtant, ces émules du « père Chevreul », pour n'être pas communs, n'apparaissent que comme le résultat du bon fonctionnement d'un organisme bien constitué dans son ensemble. Ainsi le génie est la résultante du fonctionnement parfait d'un cerveau perfectionné, dont l'intuition géniale est la plus raffinée, la plus exquise manifestation. Il est dans la logique de la Nature et de la Vie. Mais, pareils à ces fleurs rares et éclatantes, apparaissant au milieu de millions d'autres, sans couleurs et sans parfums, les génies, — une quinzaine par siècle en moyenne — surgissent à la surface de l'Humanité, dont ils sont la splendeur et l'épanouissement (1).

Quant à la question de savoir s'il existe une différence entre le génie et le talent, et en quoi elle consiste, je dirai d'abord qu'il y en a une profonde, irrémédiable. « Tandis que le talent, dit Jean Paul, est pareil au clavecin, ne rendant qu'un son sous le doigt qui le frappe, le génie est comme la harpe éolienne, faisant résonner toutes les harmonies au souffle de toutes les brises. » « L'homme de talent, écrit avec plus de précision Schopenhauer, possède plus de justesse, plus de rapidité dans la pensée que les autres ; le génie, au contraire, contemple un autre monde que le reste des hommes : *il ne fait pourtant que pénétrer plus profondément dans ce monde offert aussi à la vue des autres, parce que la représentation en est plus objective, partant plus pure et*

(1) Voy. encore sur le génie, Baumgarten, *Metaph.*, III, ch. 1, p. 13. — Wieland, *Betrachtungen über den Menschen*, etc. Mais surtout l'abbé Du Bos, qui dit, sur la question, d'excellentes choses, dans ses *Réflexions sur la Peinture et la Poésie* (3ᵉ vol. de l'édition de 1733, à la Bibliothèque nationale sous la cote Y, 448).

plus précise dans son cerveau (1). » Enfin, ajouterai-je, si la puissance de l'intuition est indispensable pour caractériser le génie, le pouvoir « inférieur » de l'imagination suffit à constituer le talent. Sans doute, entre le plus petit « génie » et le plus grand « talent », l'abîme n'est pas insondable, puisqu'enfin, dit-on, la Nature ne fait pas de sauts. Mais il en faut tout de même un fameux pour franchir la distance qui sépare un Gounod d'un Wagner, un Tirso de Molina d'un Molière ou d'un Shakespeare.

II

On raconte que l'auteur du *Monde comme volonté et comme idée*, assistant un jour à la onzième leçon de Fichte sur les phénomènes de la conscience, compléta ses notes par ce commentaire : « Ce qu'il vient de dire, m'a donné envie de lui appuyer le canon d'un pistolet sur la poitrine et de lui crier : — Malheureux! Tu vas mourir sans rémission ; mais, par égard pour ta pauvre âme, dis-moi d'abord si tu as compris un mot à ce galimatias, ou si tu ne nous a pas pris tout bonnement pour des imbéciles (2). »

C'est un peu le sentiment qui vous saisit quand vous jetez les yeux sur les classifications modernes de la folie (3) ; ce qui prouve, qu'à y regarder de près et en

---

(1) Schopenhauer, *loc. cit.*, t. III, p. 188.
(2) Frauenstädt, *Arthur Schopenhauer. Von ihm, über ihn*, p. 237. Berlin, 1863.
(3) Voyez, par exemple, dans une étude très complète du Dr Cramer sur la *Paranoia*, les vingt-huit noms donnés, seulement en trois langues, à la stupeur ou démence aiguë d'Esquirol, — ces noms différents correspondant, pour la plupart, à des classifications, à des interprétations diverses (*Abgrenzung und diffe-renzial Diagnose der Paranoia*, in *Allg. Zeitschrift für Psychiatrie*, t. LI, 1895).

pénétrant dans les détails, la signification de ce mot n'est guère plus facile à préciser que celle de l'expression « génie ».

Autrefois, c'était bien simple, — trop simple, peut être. On avait le délire généralisé, la manie surtout ; puis les monomanies ou délires partiels ; à la suite, la démence ou déchéance finale ; le tout flanqué de la paralysie générale, de l'idiotie et du crétinisme, des grandes névroses et des folies toxiques, et c'était fini, ou à peu près. On savait très bien, d'ailleurs, que toutes ces variétés de l'aliénation mentale étaient, dans l'immense majorité des cas, héréditaires.

Et, chose curieuse, les médecins de ce temps-là — je parle de la première moitié du siècle — qui admettaient d'emblée la doctrine de la monomanie, étaient pour la plupart spiritualistes (1), quelques-uns même spiritualistes militants.

Partisans acharnés du « moi », de l'âme immor telle, une et indivisible, ils ne faisaient aucune difficulté à proclamer la réalité du délire purement partiel, c'est-à-dire de la lésion limitée de cette entité indivisible. Est-ce donc qu'ils se payaient de mots à propos des soi-disant facultés de l'âme, — l'attention, la mémoire, le jugement, etc., considérées comme pouvant être atteintes isolément? Mais toutes ces spécialisations n'avaient rien à faire, en vérité, avec l'érotomanie, la kleptomanie, la dipsomanie et autres délires de même espèce.

Non! Le fait est qu'en entrant dans l'étude des maladies mentales, ces hommes éminents laissaient leur philosophie à la porte. Et avec pleine raison, leur phi-

---

(1) Par exemple, le Dr Cerise, qui annotait Cabanis et Bichat, uniquement pour les démolir, et Buchez, espèce de vicaire savoyard, selon le cœur de Rousseau et de Robespierre et, en conséquence, grand pourfendeur d'athées.

losophie étant mauvaise. C'était d'ailleurs le temps où régnait à l'École de Paris, sous le titre usurpé de méthode baconienne, l'empirisme le plus vide et le plus terre à terre. Des faits, jeunes élèves, des observations ! On ne vous demande que cela, clamait-on de toutes parts, et au diable le raisonnement ! Sans doute les faits sont les *data* indispensables de la science, mais à la condition d'être bien observés ; alors, le résultat demeure, encore que dans une certaine mesure. Ç'a été le cas, par exemple, pour la monomanie ou délire des persécutions. « Nous croyons que l'œuvre de Lasègue, quoique datant déjà d'un tiers de siècle, dit excellemment le Dr Ritti, n'a rien perdu de sa valeur scientifique et qu'elle est une des plus belles découvertes dont se soit enrichie la médecine mentale (1). »

Mais j'ai eu raison d'ajouter : dans une certaine mesure. Car, de fait, l'œuvre de Lasègue a été battue en brèche par les aliénistes modernes, et la protestation du Dr Ritti n'a pas encore rencontré l'assentiment unanime quelle mérite.

C'est que les faits, les paquets d'observations, — y en eût-il des monceaux entassés plus haut que « Pélion sur Ossa », — sont incapables de rien établir par eux-mêmes. L'ancienne Ecole de Paris, postérieurement à la mort de Broussais, l'Ecole des Chomel, des Andral, des Trousseau, parlait de Bacon à tort et à travers, sans y rien comprendre, confinée en réalité dans l'empirisme le plus grossier. « L'empirique, dit l'illustre philosophe, semblable à la fourmi, se contente d'amasser et de consommer ensuite ses provisions. La vraie philosophie fait comme l'abeille ; elle ne se repose pas uniquement sur les forces naturelles de l'esprit humain,

(1) Ant. Ritti, article *Délire des persécutions*, in *Dictionnaire de Dechambre*.

et cette matière qu'elle tire de l'histoire naturelle, elle ne la jette pas dans la mémoire telle qu'elle l'a puisée dans ces deux sources ; mais après l'avoir travaillée et digérée, elle la met en magasin (1) ».

En médecine, comme dans la philosophie, la division primordiale se fait entre les dogmatiques et les sceptiques ; or, le scepticisme n'a jamais rien fondé. C'est la simple école du « fait » ; et les faits si bien observés par Lasègue, comme aussi les différentes monomanies d'Esquirol, de Baillarger et autres, ont pu être contestés de nos jours, uniquement parce qu'ils n'étaient pas coordonnés, ne se rattachaient à aucun système.

Les auteurs récents, dédaignant, comme leurs prédécesseurs empiriques, les admirables découvertes de Gall et les véritables données de la science du cerveau, allèrent chercher dans le bric-à-brac de l'Éclectisme, les formules les plus démodées de cette philosophie de baccalauréat. Dans le temps où les travaux des physiologistes démontraient l'absurdité de la « conscience » des métaphysiciens et l'automatisme relatif de la volonté, ils ramassèrent dans la défroque de Victor Cousin, le vieux « Moi » de la plus plate des métaphysiques; ils l'époussetèrent de leur mieux, tâchèrent de le redresser et de le faire tenir debout, en l'appuyant au mur, quoiqu'il n'en pût mais, et proclamèrent : « Voici l'unité pensante et dominante, l'âme intelligente, le *sensorium commune*, l'archée, la glande pinéale, le Moi enfin, qui ne peut être divisé. C'est cette « personne civile », insérée dans votre individu, qui vous anime et vous dirige comme un Dieu sorti de la machine ; et, comme elle est une, homogène et indivisible, il est absurde de supposer qu'elle puisse souffrir d'une lésion partielle ; elle ne peut être malade

(1) Bacon, *Novum organum*, I, 95.

que dans sa totalité, donc il n'y a pas de délire partiel, pas de monomanie possible : ce qu'il fallait démontrer (1). »

Comment cette « unité pensante » pouvait-elle être lésée en aucune façon, voilà ce qu'ils se gardaient bien de nous dire, n'ayant pas même conscience de l'énormité des propositions soutenues. Mais voyez cependant la puissance du dogmatisme, en dépit de la fausseté des dogmes. Sous l'effort de cette construction métaphysique, on crut voir s'écrouler l'édifice élevé par nos grands aliénistes du commencement du siècle. Les beaux travaux de Morel servirent à masquer les défauts du système. Avec un rare talent, le Dr Magnan mit à profit les données fournies par cet auteur, pour instituer et consolider la nouvelle doctrine (2). La monomanie parut disparaître définitivement ; on admit bien encore des délires partiels ; mais il ne s'agissait plus que de phénomènes surajoutés, de « syndromes épisodiques » survenant chez des dégénérés, dont le Moi, vicié dans son ensemble, pouvait cependant attester son état d'altération générale, par des manifestations délirantes d'un caractère local et circonscrit.

Mais qu'y a-t-il de nouveau ici en dehors de la forme

_____

(1) « Les philosophes se sont trompés nécessairement, dit Broussais, lorsque, abstrayant la somme de nos facultés intellectuelles et la réalisant avec les titres d'esprit, d'âme et de *sensorium commune*, ils en ont fait une espèce de président qui dirige l'entendement, la volonté, les sentiments et, en grande partie, les instincts, tantôt d'après son caprice, tantôt d'après sa constitution propre, ses penchants, ses goûts, sa nature, en un mot, dont Dieu seul a le secret. » (*Cours de phrénologie*, p. 48, Paris, 1836.) C'est ce « Moi », entité absolue et venant d'en haut, dont la science nie la réalité objective. Le sentiment de la personnalité, la conscience viennent d'en bas ; constituée par la succession des phénomènes organiques produits par les réflexes de tout ordre, la personnalité consciente ne se réalise, en dépit des illusions de l'esprit, que d'une façon fugitive et intermittente.

(2) Cf. Magnan et Legrain, *Les Dégénérés*. État mental et syndromes épisodiques. Paris, 1895.

et de l'apparence ? Esquirol, lui-même, a-t-il jamais affirmé que la folie en général et, spécialement la monomanie, fussent le propre de la masse des individus, sans égard à la prédisposition ? « L'aliénation mentale est éminemment héréditaire » (1); telle est la proposition qu'il a été l'un des premiers à proclamer. Et la même affirmation se retrouve chez les successeurs, chez la plupart des partisans de la monomanie, y compris Trélat, le créateur de cette excellente formule : la folie lucide.

D'autre part, a-t-on jamais contesté que les monomaniaques les mieux caractérisés ne pussent être atteints occasionnellement de troubles psychiques plus complexes ?

« On nie qu'il existe des monomaniaques, dit encore Esquirol, auquel il faut toujours revenir. Il n'y a pas, dit-on, d'aliéné qui ne soit déraisonnable que sur un seul objet ; toujours ces malades offrent quelques désordres de sentiment et de volonté. Mais, s'il n'en était pas ainsi, les monomaniaques ne seraient pas fous (2) ». Non ! jamais on n'a nié tout cela. Mais ce qu'on affirme, c'est que chez certains individus « héréditaires » assurément, « dégénérés », cela se peut, on constate, à l'occasion, une véritable monomanie, un délire partiel portant sur un point déterminé ; qu'en dehors de ce point spécial, les autres aptitudes psychiques apparaissent conservées et à peu près normales, autant qu'elles peuvent l'être chez le sujet en question.

Prenons Jeanne d'Arc, par exemple, cette fille étonnante et d'autant plus admirable qu'elle combattit et mourut pour une patrie qui n'était pas la sienne : bien

---

(1) Esquirol, *Des maladies mentales*, t. I, p. 247. Paris, 1838. — Cf. *Ibid.*, p. 33.
(2) Esquirol, *loc. cit.*, t. I, p. 333.

supérieure en cela à l'idée que s'en forme le vulgaire, puisqu'elle apparaît alors comme une héroïne de l'Humanité. Appelez visions ou hallucinations, selon que vous êtes croyant ou savant, les phénomènes auxquels elle était en proie, il semble bien certain, dans tous les cas, que sa conduite tout entière fut dirigée par ses voix, par ses apparitions, en un mot par ce qu'elle *croyait* et *entendait*. Je ne sais pas ce qui serait arrivé si elle eût vécu, si, comme d'autres, elle ne se serait pas éteinte dans la déchéance finale; mais pendant le court espace de temps que dura sa mission, et en dépit du délire aussi partiel qu'incessant qui présidait à ses actes, elle ne cessa pas de donner les preuves de l'intelligence la plus lucide, sinon la plus parfaite (1). Je ne parle pas de ses faits de guerre; car, enfin, elle n'y connaissait rien, et le premier moment d'enthousiasme passé, la campagne de l'Orléanais une fois terminée, elle ne fit que des bévues et marcha d'insuccès en insuccès (2).

Mais ce n'était pas son métier; la lucidité de son intelligence parut dans un jour éclatant lors de son procès, où on la vit « coller » ses juges, les « bons docteurs et maistres de l'Université de Paris », dans le même temps où elle affirmait la réalité de ses visions.

J'oserai hasarder ici une conjecture qui ne me paraît pas dépourvue d'intérêt au point de vue de la médecine mentale. Je crois que Jeanne mourut guérie, affranchie de toute hallucination, de tout délire. Jusqu'au dernier moment, elle avait compté sur ses « Saintes » pour l'arracher à la mort : ses pleurs, son désespoir, quand on vint la chercher pour la mener au supplice montrent assez que les Saintes l'avaient abandonnée. Mais ces

(1) On a parlé de sa lettre ridicule aux Hussites. Mais d'abord, ce n'est pas elle qui l'a écrite, et puis, comment s'étonner de quelques idées de grandeur après de si éclatants succès?
(2) Echecs devant Paris, devant La Charité, etc.

premières larmes versées dans l'effroyable déchirement que dut lui causer cette défection inattendue, — la pauvre fille se ressaisit, et, seule, dénuée du secours et de l'escorte de sainte Catherine, de saint Michel et des autres, courageusement, en femme libre, non hallucinée, elle monta sur le bûcher. D'aucuns disent qu'elle invoqua encore ses voix : ce qu'il y a de sûr, *c'est qu'elle ne les entendit plus* (1).

Il existe donc des cas bien caractérisés de monomanie, de délire positivement partiel, le reste des aptitudes psychiques demeurant assez indemne pour que le sujet puisse se conduire dans la vie, à part ce qui regarde ce délire, comme une personne ordinaire.

Cela suppose l'altération de certains groupes spéciaux de cellules grises, l'ensemble restant intact ; d'où il résulte la démonstration de la proposition suivante :

PROPOSITION. — *Le principe de la division du travail existe dans le cerveau pour les aptitudes psychiques pures comme pour les phénomènes psycho-moteurs. Des groupes de cellules différents président nécessairement aux manifestations de l'intelligence, du sentiment et de la volonté, et dans chacune de ces trois grandes sections, il existe encore des centres spéciaux pour chacune des aptitudes spéciales bien caractérisées.*

Ces principes avaient été proclamés dès le commencement du siècle par l'illustre Gall, si sottement dédaigné par une certaine science officielle, celle-là dont on peut dire, en effet, qu'elle fait faillite, parce qu'au fond elle n'est pas la Science, mais seulement son apparence et sa contrefaçon. Ils reparaissent enfin après être demeurés

_____

(1) « Oui, mes voix *étaient* de Dieu, elles ne m'ont pas trompée. » Tout cela au passé : dans le moment, elles sont évidemment absentes. (*Procès de Jeanne d'Arc*, app. 68.)

si longtemps méconnus, perdus dans les ténèbres épaissies autour d'eux par l'effort d'une philosophie rétrograde. Et la protestation que je fais entendre ici n'a nullement un caractère isolé. Écoutez ce que dit, dans sa dernière édition, le physiologiste Landois, dont le livre éminemment classique fait autorité et donne le plus fidèle résumé des conquêtes les plus récentes de la science :

« Bien que ce système (celui de Gall et de Spurzheim) présente dans le détail des données fantaisistes, des imperfections et des lacunes manifestes, pourtant il y a lieu de se demander tout à fait sérieusement si l'on doit en rejeter l'idée fondamentale. La découverte de la localisation des mouvements volontaires et des impressions conscientes dans le cerveau, impose la nécessité d'un examen sérieux de la Phrénologie, en procédant d'ailleurs, d'une autre façon que les fondateurs de la doctrine (1). »

Voilà une déclaration faite pour scandaliser bien des gens. Tous ces partisans de l'entité « conscience » se seraient prémunis contre de pareilles surprises, s'ils avaient seulement pris la peine de méditer ces paroles du regretté Jules Cotard : « La fâcheuse habitude de méditer sur les fonctions sans penser à l'organe, nous a détournés longtemps du point de vue physiologique et de l'analyse des fonctions cérébrales (2). » Sans doute, trop souvent, l'examen anatomique ne nous révèle rien, et peut-être, dans nombre de cas, ne nous révèlera-t-il jamais rien. Mais qu'importe? pour qui sait que les facultés psychiques sont dans un rapport intime avec les qualités physiques des cellules de l'écorce cérébrale, les altérations de ces facultés dénotent la

---

(1) Landois, *Lehrbuch der Physiologie des Menschen*, p. 842. Wien und Leipzig, 1896 (9° édit.). — Voy. aussi Flechsig, *Die Localisation der geistigen Vorgänge*, Leipzig, 1895.
(2) *Annales méd.-psych.*, 1888, t. VII, p. 310.

lésion structurale de ces cellules d'une façon tout aussi certaine que pourrait le faire la démonstration anatomique la plus positive (1).

Les adeptes du « Moi » Fichtéen ne devraient pas oublier, d'ailleurs, qu'antérieurement aux travaux de Gall, le siège des émotions, des passions, était placé non dans le cerveau, mais dans le soi-disant centre épigastrique. Cette doctrine, universellement admise, se trouve encore exposée dans le beau livre de Bichat (2).

Quoi qu'il en soit, au milieu de la déroute de la saine philosophie, Gall devait évidemment succomber. Ce grand anatomiste — c'est Flourens qui le proclame tel — eut le tort aussi de construire trop vite une synthèse prématurée et celui plus grand encore de s'associer Spurzheim. Posant déjà les bases de la doctrine

---

(1) « Certains individus, dit M. Ch. Féré, dans son intéressante étude sur *La Famille névropathique*, doués d'une intelligence remarquable, offrent une perversité morale des plus manifestes, ou inversement ; d'autres ont des aptitudes extraordinaires, mais limitées à une science, à un art, aux mathématiques, par exemple, ou à la musique, et, en dehors de là, ils sont inférieurs en tout. » (Ch. Féré, *La Famille névropathique*, p. 52. Paris, 1894.) Une telle division des aptitudes ne saurait se comprendre sans une division analogue des organes, des groupes de cellules appropriés.

(2) Ce grand homme, loin de combattre cette théorie, s'attacha à la perfectionner. Procédant pour le centre épigastrique, comme Gall, plus tard, pour le cerveau, il voulut établir qu'il n'y avait point, pour les passions, de centre constant; mais « que le foie, le poumon, la rate, le cœur, etc., formaient tour à tour ce foyer épigastrique si célèbre dans nos ouvrages modernes ». Il introduisit donc ici le principe de la « division du travail », ce qui ne l'empêcha pas d'envisager ensuite l'action du « centre épigastrique » pris dans son ensemble. « L'homme dont la constitution est la plus heureuse et en même temps la plus rare, dit-il plus loin, est celui qui a ses deux vies dans une espèce d'équilibre; *dont les deux centres, cérébral et épigastrique*, exercent l'un sur l'autre une égale action, chez qui les passions animent, échauffent, exaltent les phénomènes intellectuels, sans en envahir le domaine, etc. » (*Recherches physiologiques sur la vie et la mort*. Paris, V. Masson, 1862, p. 63-54.)

moderne de la criminalité, Gall avait très bien indiqué le penchant au vol, à l'assassinat; il avait créé, en conséquence, des organes du vol, du meurtre et aussi, par contre, un organe de la bonté. « On s'écria de plus d'un lieu... que devient notre libre arbitre? Cet homme prêche le fatalisme, il détruit tous les fondements de la morale, il attaque la justice des lois, il avilit la dignité de l'homme... Ce fut précisément à corriger ces vices de la nomenclature que Spurzheim s'attacha. Il dit : « Le vol n'est qu'une application de l'organe. On peut très bien avoir de la tendance à acquérir, à posséder, sans être un voleur (1). »

Et alors, pour contenter tout le monde, Spurzheim institua l'organe de l'*acquisivité*, « qui nous conduit à dire, écrit Broussais, tout pour moi et rien que pour moi. C'est l'origine du sentiment de la propriété ; si l'intelligence est faible, les moyens pour acquérir celle-ci seront coupables... chez certaines personnes, le désir d'accumuler est insatiable; de sorte que quand elles possèdent une somme, un immeuble, elles en veulent posséder d'autres ; cela n'a pas de terme (2). » Voilà un joli résultat et un beau triomphe pour la philosophie de l'âme, du libre arbitre et du Moi! En cela, l'illustre Broussais s'est trompé et les concessions ainsi maladroitement faites n'ont rien concilié du tout ; la réalité de la doctrine, sa dignité en ont été diminuées. Sans compter qu'en voulant ainsi expliquer le penchant au vol par l'instinct de la propriété, l'excellent Spurzheim semblait donner raison d'avance au fameux aphorisme de Proudhon : « La propriété, c'est le vol ».

Mais je ne veux pas insister davantage. Certains trouveront même que j'en ai déjà trop dit, bien qu'au con-

(1) Broussais, *Cours de phrénologie*, p. 129. Paris, 1836.
(2) *Ibid.*, p. 252, 254.

traire je sois demeuré en plein dans la question. Au moment de discuter l'hypothèse du génie-folie, il importe absolument de savoir, dans le cas où le génie et la folie se rencontreraient chez le même individu, si le siège de l'un et l'autre phénomène ne serait pas circonscrit dans des groupes de cellules distinctes ; et c'est précisément ce qui vient d'être démontré.

Et même je n'en ai pas fini avec ces préliminaires indispensables : car il faut nécessairement dire un mot de l'épilepsie. Depuis qu'on a reconnu qu'elle pouvait être d'origine corticale, on n'a pas manqué de mettre sur son compte tous les délires singuliers, monomanie homicide et autres, dont on se trouvait embarrassé. Voilà, par exemple, le cas de cette Henriette Cornier, qui tue un enfant, tout d'un coup, sans rime ni raison et qui jamais, ni avant ni après, n'a donné le moindre signe d'épilepsie, ni manifesté d'autre impulsion du même genre. N'importe ! on en fait un cas d'épilepsie. Pourquoi ? pour ne pas en faire un cas de monomanie, d'impulsion homicide simple. Et en quoi cela avance-t-il la question ? En rien du tout.

Je me trompe ; si cela n'avance pas la question, ça sert toujours à quelque chose, ou plutôt à quelqu'un : à M. Lombroso, qui, ne sachant où caser son génie-folie, se dit : — Voilà mon affaire ! Si le cas d'Henriette Cornier est un fait d'épilepsie, — larvée naturellement, — pourquoi les manifestations du génie ne seraient-ils pas aussi des faits d'épilepsie — larvée toujours ? Ah ! ces choses « larvées » ! Et dire qu'un siècle après Bichat et Cabanis, la médecine en est encore à se payer de ces mots-là. L'épilepsie ? mais on la met à toutes sauces. Les impulsions homicides, incendiaires, le vagabondage même, dans certains cas : épilepsie ! je prétends, que ces explications, malgré leur apparence philosophique, sont de pures mystifications, de déplorables plaisanteries. Tant que vous ne constatez chez un individu que ces impulsions, vous n'avez pas le droit de qualifier cela d'épilepsie (1). Ou bien il faut changer le sens des mots et reconnaître que sous cette dénomination, on veut englober la masse de tous les faits singuliers, de tous les « syndromes » plus ou moins « épisodiques » qui ne peuvent trouver place ailleurs. Seulement, la catégorie ainsi étendue ne présente plus rien de satisfaisant à l'esprit ; le mot cesse d'être un signe, puisqu'il n'a plus de sens précis, et la nosographie est à tous les diables.

Laissant donc là l'épilepsie et toutes ces larves, je dirai encore un mot avant de quitter le sujet spécial de la folie, de la prétendue surexcitation intellectuelle et quasi géniale à laquelle elle donnerait lieu. Car il saute aux yeux que, voulant rapprocher le génie de la folie, nos honorables contradicteurs, tout en rabaissant en quelque façon le premier, devaient tenter d'exalter la seconde. M. Lombroso, dans sa troisième partie, a deux longs chapitres où il s'évertue à démontrer l'existence possible du *génie chez les fous*, j'entends, chez les fous proprement dits. Or, dans les nombreuses pages en question, voilà, en mon âme et conscience, ce que j'ai pu trouver de plus remarquable parmi les « œuvres littéraires » citées ; ce sont quatre vers empruntés au livre de mon distingué homonyme, le Dr Paul Regnard, sur les *Maladies épidémiques de l'esprit*:

Magnan ! à mon souhait, médecin Magnan ime
Adore de mon sort la force qui t'anime.
. . . .
Admirant son beau crâne, autre remords de Phèdre,
Nargue Legrand du Saulle et sois Legrand du Cèdre ! (2)

---

(1) Cf. Dr Christian, *Épilepsie, folie épileptique*, p. 118, 125 sq. Paris, 1890.
(2) Lombroso, l'*Homme de génie*, 2e édition française, précédée d'une préface de M. Ch. Richet, p. 314. Paris, G. Carré, 1896.

Évidemment, c'est drôle, mais cela ne dépasse pas le niveau d'une farce de brasserie à l'heure de l'accumulation des bocks. Quant aux images reproduites dans la planche X du volume et présentées comme d'heureux spécimens du génie artistique des fous, je n'ai rien à en dire, sinon que j'y reconnais bien l'art particulier aux aliénés, mais pas la moindre trace de génie.

Certes, celui qui eût visité vers 1580 le manicome de Sainte-Anne en Italie, ou vers la fin de 1826, la maison de santé d'Esquirol, aurait pu y voir enfermés deux hommes de génie, parfaitement fous d'ailleurs, le Tasse et Auguste Comte ; j'aurai à m'expliquer plus loin sur ces cas si exceptionnels. Mais ce n'est pas de cela qu'il s'agit dans l'espèce. M. Lombroso parle ici de la masse des fous enfermés dans les manicomes, et chez lesquels on observerait des traces fréquentes de talent, voire même de génie. Pour ma part, voilà quelque quinze ans que je visite annuellement quatre ou cinq asiles d'aliénés renfermant en moyenne cinq cents malades ; on m'a fait voir quelques mauvaises peintures, entendre de plus mauvaise musique, mais jamais un médecin ne m'a présenté de fou ayant la moindre ressemblance avec un homme de génie. J'entends bien que l'hyperémie cérébrale, dans la première période de la paralysie générale, par exemple, comme aussi dans le début de l'ivresse, puisse exciter les facultés de l'esprit ; j'ai souvent remarqué aussi la facilité d'élocution chez certains aliénés, la façon élégante dont ils tournent exceptionnellement leurs lettres, et très certainement, ceux-là parlent et écrivent mieux dans cet état d'excitation pathologique qu'ils ne le faisaient dans leur bon sens. Mais toutes ces manifestations n'aboutissent à rien de sérieux, et à bien considérer les choses, on y remarque beaucoup de verbiage, très peu d'idées et pas du tout de génie.

J'en aurai fini avec ces préliminaires indispensables,

quand j'aurai dit que pour ce qui regarde l'importante
question de la dégénérescence, c'est uniquement le
trouble mental qui nous intéresse ici. Cela avec d'autant plus de raison que, comme le dit très bien Camu-
set, « les signes de dégénérescence sont tellement
nombreux qu'on peut à bon droit se demander s'il
existe des individus assez privilégiés pour en être absolument exempts » (1).

Des individus peuvent avoir un annulaire trop court
ou un index trop long, et posséder un cerveau parfaitement normal. L'intégrité du cerveau ou, tout au
moins, des plus importantes de ses parties ou son altération, voilà le fait unique qui, dans cette difficile étude,
me servira de criterium et de guide.

Nous sommes en mesure, maintenant, d'entreprendre
la critique de la doctrine du *génie-folie*, telle qu'elle
apparaît dans le livre de M. Lombroso, en son plus
complet épanouissement.

III

On pourrait d'abord accuser l'auteur d'extrême
légèreté dans la recherche et l'appréciation des documents. Par exemple, nous lisons à la page 30 : « A
cinq ans, Meyerbeer jouait merveilleusement du piano »,
et à la page 31 : « Meyerbeer jouait très bien du piano
à dix ans. » Le contraire eût étonné. De même,
p. 31 (2) : « Ennius Quirinus Visconti excitait l'admiration à seize mois. » Sans contester le fait, on aurait
été bien aise de savoir ce qui provoquait cette admiration « à la mamelle ». Page 9, Voltaire est mis tour à

_____

(1) *Annales médico-psych.* 1888, t. VII, p. 300.
(2) Toutes les citations sont faites d'après la 2ᵉ édition française de l'*Homme de génie*, mentionnée plus haut.

tour parmi les génies de petite taille et parmi les plus grands; c'est peut-être une erreur de copiste ; mais on peut y voir aussi la négligence avec laquelle l'auteur insère, sans les lire, les documents qu'on lui transmet.

C'est ce qui ressort, sans contestation possible, d'un autre passage où il est dit d'Auguste Comte « qu'il fut soigné pendant *dix ans* par Esquirol ; il guérit, mais pour répudier sans motifs sa femme qui l'avait sauvé ». (p. 108). Le fait est que le célèbre philosophe ne passa que quelques mois chez Esquirol et que longtemps après sa guérison, sa femme, qui ne l'avait pas sauvé, se sépara de lui pour les motifs les plus honteux ; par crainte de la misère, elle abandonna le grand homme qui l'avait tirée de l'abjection (1).

Dans un genre plus plaisant, on peut signaler des « insinuations » comme celle-ci : « Démosthènes, Cicéron, Walter Scott, Erasme, Képler, d'Alembert, Fénelon, Boileau, Pascal, Aristote, saint Paul, Napoléon, étaient très maigres dans leur jeunesse » (p. 10). Mais, en vérité, à part quelques natures exceptionnellement grassouillettes dans l'adolescence, qui est-ce qui n'a pas été maigre dans sa jeunesse, et qu'est-ce que cela peut bien avoir de commun avec la question du génie et de la folie? De même, voilà que « Mind, le célèbre peintre de chats, avait l'aspect d'un crétin ou d'un dégénéré, ainsi que Socrate, Ibsen, Tolstoï, Sardou, Dovtoiewski, Darwin et Cooper. » Passe encore pour l'affreux Socrate; mais ce pauvre M. Sardou! l'air d'un crétin dégénéré !

---

(1) C'est la mère d'A. Comte, Rosalie Boyer, qui le retira de la maison de santé d'Esquirol où il avait passé six mois (de fin avril au 2 décembre 1826), et c'est seulement en 1842 que sa femme le quitta. (Cf. J. Longchamps, *Précis de la vie et des écrits d'Auguste Comte*, in *Revue occidentale* (numéros de mai et juillet 1889), et Dr Robinet, *Vie d'Auguste Comte*, 2e partie, § 5.)

Tout cela seulement pour donner une idée du faire de
l'auteur. J'entre maintenant dans le vif de la question
et d'abord, je ferai quelques remarques au point de vue
de l'historique.

Depuis quelque deux mille ans, on s'en va répétant
sur la foi de Sénèque, qu'il n'y a pas de génie sans un
grain de folie, — « *Nullum magnum ingenium sine mix-
tura dementiæ fuit* (1). » Mais c'est là un dicton sans
portée, une autre formule pour la maxime bien connue :
« Il n'y a pas de grand homme pour son valet de
chambre », ce qui paraît tout simplement comme la
revanche des imbéciles. Seulement, le tort de Sénèque
est d'avoir mis cela sur le compte d'Aristote, qui n'en
peut mais. Le seul passage où il y ait une allusion de
ce genre, se trouve dans les *Problèmes*, § XXX. Or,
la critique moderne a démontré que les *Problèmes* ne
sont pas d'Aristote (2). En vain alléguerait-on qu'ils
sortent de son école ; ce n'est pas la même chose, et
la morale d'Eudème, par exemple, contredit, dans des
points essentiels, la doctrine du Maître telle qu'elle
est exposée dans l'*Éthique à Nicomaque*. Chacun veut
tirer à soi le philosophe incomparable, cela se comprend
assez. Mais que les Lombrosiens le laissent tranquille :
rien dans son œuvre ne peut leur servir de réclame.
J'ajoute que le philosophe avait une belle occasion de
dire son avis là-dessus dans sa *Poétique ;* il n'y a jamais
songé.

Dans un autre genre, on vient nous citer Platon et
son *Phédon.* En vérité, il n'est pas besoin de remonter si
haut pour constater que le feu de l'inspiration a toujours
paru avoir quelque analogie avec les emportements de la

(1) Senec., *De tranquill. anim.*, 15.
(2) Cf. Sir A. Grant, art. *Aristote*, in *Enc. Brit.* t. II, 1875;
Kart Prantl. *Abhandl. der philol. Klasse der K. Bayer-Akad*,
1852.

folie, et que le mot délire a pu servir à la fois pour les poètes et pour les aliénés :

> Embrasons-nous d'un saint délire,
> La liberté pour nous conspire,

chante-t-on dans *Guillaume Tell*, ce qui ne prouve absolument rien au point de vue de la question en litige.

Si ces Messieurs voulaient absolument trouver dans les écrivains de l'antiquité, quelque échantillon, encore qu'imparfait, de leurs théories, ils auraient mieux fait de citer Aulu-Gelle. Celui-ci nous conte l'histoire d'un certain Domitius, grammairien célèbre, surnommé l'Insensé (*insanus*) à cause de son caractère intraitable et morose. Se promenant un jour avec le philosophe Favorin, l'auteur rencontre ce Domitius qui les envoie promener de la belle façon en se plaignant de la sottise et de la décadence des temps. « Nous l'avons abordé dans un mauvais moment, dit Favorin, et il s'est montré à nous sous son vrai jour. Sachez toutefois que cette humeur appelée μελαγχολία n'est pas le propre des petits esprits ; cet « état d'âme » a quelque chose d'héroïque, qui consiste à dire courageusement la vérité, sans souci μήτε καιροῦ, μήτε μέτρου (1).

Mais au fond, cela même ne dépasse pas la mesure des banalités connues sur la matière. En dépit de Platon, d'Aulu-Gelle et de Schopenhauer (2), Moreau

---

(1) « Ni du moment ni de la mesure ». En grec dans l'original. (Aulu-Gelle, *Nott. Attic.*, XVIII, 7.)

(2) Cet illustre penseur a tenté d'établir aussi un rapprochement entre le génie et la folie ; mais son opinion repose tout entière sur une fausse appréciation. Il s'est complètement mépris sur la nature de la folie, dans laquelle il voit surtout un affaiblissement de la mémoire, ce qui est tout à fait insuffisant pour caractériser le phénomène. L'aliéné méconnaissant la liaison et le rapport des faits, là serait son point de contact avec l'homme de génie. « Car l'homme de génie aussi néglige la connaissance des relations qui reposent sur le principe de raison ; il ne voit et ne cherche dans les choses que les idées. » (*Loc. cit.*, t. I, p. 197 sq.) La théorie ne tient pas debout et n'a, du reste, aucun rapport avec celle qu'on examine ici.

(de Tours) est bien l'inventeur de la théorie du génie-
névrose : c'est lui le Dieu et Lombroso est son prophète.

L'auteur de l'*Homme de génie* aurait dû, tout au
moins, se renfermer dans les limites de son titre. « Galton, dit-il, dans un travail précieux (*Hereditary Genius*),
mais où un défaut se montre trop souvent, — défaut
dont je n'ai pu me défendre moi-même, c'est-à-dire la
confusion du génie avec le talent, — trouve une proportion de 421 génies sur 1 million d'hommes »
(p. 206). Mais si c'est une faute avérée — et des
plus graves ! — pourquoi la commettre de propos déli-
béré ? Et l'ayant commise, pourquoi la reprocher à un
autre ?

En réalité, M. Lombroso se trompe fort, le mot anglais *genius* n'ayant pas du tout le sens de l'expression *génie* dans notre langue. Sans doute, il englobe
les vrais grands hommes ; mais, beaucoup plus com-
préhensif, il désigne aussi et surtout le simple talent.
Jamais il n'a pu entrer dans l'esprit de Galton d'avan-
cer que, sur 1 million d'hommes, on pût trouver une
proportion de 421 génies. C'est une sottise monu-
mentale qu'on porte sans raison à son actif (1). Et
surtout ce n'est pas lui qui eût jamais pensé à amal-
gamer ensemble, comme hommes et femmes de génie,
Catherine II, George Sand et Charlotte Corday, d'une
part (2), — de l'autre, Tibère, Bertillon, Holbein, Michel Ange, et Daniel Wilson (3) !

Certainement, si l'on reste dans le vague où semblent
s'être complu les fauteurs de l'hypothèse en discussion, si l'on veut chercher à se reconnaître dans cette
mêlée où se coudoient indifféremment Charlotte Corday,

(1) Cf. Galton, *Hereditary genius*, London, 1869.
(2) Lombroso, *loc. cit.*, p. 65.
(3) *Ibid.*, p. 26.

le Dante, Corneille et Mistress Beecher Stowe, on n'en
sortira pas. « Il faudrait prouver, dit très bien le
Dr Hirsch, que la disposition aux maladies psychiques
est plus prononcée chez les grands esprits que chez le
vulgaire. Les statistiques manquent (1). » Je vais tâcher
d'en établir une.

Pour cela, je bornerai mes recherches aux hommes
de génie proprement dits. On a beau nous parler de
la difficulté d'établir une limite entre ceux-ci et les
hommes de simple talent ; pour les cas douteux, pour
les petits génies et les grands talents, c'est possible. Ces
cas douteux, je les laisserai de côté, m'attachant uniquement aux Héros, aux grands hommes que l'Univers
reconnaît comme tels. Cette liste ne saurait pourtant
s'établir sans quelque difficulté, et peut-être n'aurais-je
pas entrepris le présent travail si je ne m'y étais trouvé
préparé par la publication d'un calendrier des grands
hommes, à l'imitation de ceux de Sylvain Maréchal et
d'Auguste Comte. Ç'a été pour moi l'objet d'une longue
et difficile élaboration, d'autant plus qu'il s'agissait
d'une répartition systématique des grands noms, chaque
mois étant consacré à une section spéciale, la philosophie, le travail, le drame, la démocratie, etc. (2).
Comme je n'avais besoin que de 360 noms (3), j'ai pris
naturellement « la fleur du panier ».

Je n'avais qu'à me conformer à l'opinion générale et
je l'ai fait — mais dans une certaine mesure. Car, de
même que les Comtistes ont cru devoir retrancher de
leur liste les Luther et les Calvin, considérés comme

(1) Hirsch, *loc. cit.*, p. 122.
(2) *Le Calendrier de l'Ère révolutionnaire et sociale*, avec les
noms des héros de l'Humanité, suivi de la *Bibliothèque matérialiste et socialiste*, par A. Regnard. Paris, 1er vendémiaire, CI,
1 vol. in-8°.
(3) Les jours complémentaires étant réservés pour fêter la Victoire, l'Egalité, etc.

rétrogrades, j'ai exclu, à mon tour, avec au moins autant de raison, les Moïse, les Paul, les Mahomet et, en général, tous les organisateurs de religions. J'entends bien que celles-ci font partie intégrante de l'évolution de l'esprit humain ; mais elles sont la création spontanée des races dans leur enfance; quand les individualités s'en mêlent, c'est pour tout empirer. Je n'ai pas fait d'exception pour le « Bouddha », Çakyamouni, Gautama, etc., qui, avec sa religion soi-disant sans Dieu, n'en a pas moins doté le monde d'un nouveau genre de superstition idiote, bonne, en effet, pour des Touraniens, pour des Chinois.

Pour les besoins de la démonstration, et quelque néfaste qu'ait été leur influence, je rétablirai, sur la liste que je vais dresser maintenant, les quelques initiateurs religieux, tels que saint Paul, Mahomet, Luther, dont le génie ne saurait être contesté. Pas d'autres saints, par exemple! Pas de François d'Assise, ni de sainte Thérèse, ni de Loyola ; sans quoi, nous tomberions, avec tous ces extatiques, dans la folie complète, le délire religieux étant au bout de tout enthousiasme de ce genre. J'ajoute que chez tous ces gens-là, vous trouvez, mélangée à un incontestable talent, une forte dose de charlatanisme, et, comme le dit très bien Carlyle, « il n'y a pas de place pour le charlatanisme chez les vrais grands hommes » (1).

C'est pour cette raison-là, entre autres, que j'ai exclu Napoléon de mon calendrier. D'ailleurs, dans le domaine de la politique, la réalité du grand homme s'établit par les résultats acquis, soit matériels, soit moraux. Or, au point de vue moral, Bonaparte a fait échec à la Révolution ; au point de vue matériel, en dépit de ses brillantes victoires, il a laissé amoindrie et

(1) Carlyle, loc. cit., p. 218.

humiliée la France qu'il avait trouvée agrandie. Cependant, pour les nécessités, aussi, de la démonstration, je dois le rétablir sur la liste actuelle.

Par contre, je ne fais pas figurer ici certains noms de mon calendrier, tels que ceux de Chaumette, de Blanqui et autres, encore que je considère ces hommes comme des Héros de l'Humanité dans toute la force du terme, tant au point de vue de l'abnégation que sous le rapport des services rendus. Mais il s'agit ici d'une thèse de science pure et non de politique appliquée, et je dois me conformer, dans l'espèce, aux données de l'opinion vulgaire. J'arrive ainsi, en dernière analyse, à un total d'environ 400 noms, appartenant à des génies d'ordre divers, mais incontestés. Que si l'on me demande pourquoi seulement 400 noms, je répondrai : pourquoi davantage? J'ai déjà eu assez de peine à les obtenir ; en forçant le chiffre, je risquerais de franchir la limite, d'empiéter sur le terrain du simple talent. J'aurais pu ajouter peut-être vingt ou trente noms, sans choquer personne. *Puisque, en effet, j'ai admis tous les génies signalés par M. Lombroso comme affectés d'une tare quelconque et pouvant servir d'appoint à sa thèse, en augmentant ma liste de ces quelques noms indemnes, je n'aurais fait qu'accroître, au profit de mon antithèse, les chances du pourcentage. Je parle ici, bien entendu, des génies proprement dits ; je ne saurais considérer comme tels les Ampère, les Lenau, les Foscolo, les Lamartine, et tutti quanti (1).*

Comme il me faut absolument citer tous les noms de ma liste, j'établirai des subdivisions propres à servir de

---

(1) De même Cardan, auteur de quelques excellents livres, marqués au coin de la saine philosophie, mais, en même temps, d'élucubrations désolantes, et chez qui le génie en puissance a été littéralement étouffé par la folie en acte. Comme je pourrais être suspecté de vouloir me débarrasser d'un cas défavorable, je ferai remarquer qu'il ne saurait être question de parti pris : dans mon

fil d'Ariane dans ce labyrinthe, où je vais entraîner le lecteur à la suite de M. Lombroso. Les partisans de la doctrine du génie-folie pourront même utiliser cela comme « quartiers de classement ».

Toutes les manifestations de la vie humaine en son plein épanouissement peuvent se ramener à une triade irréductible :

1° LA PHILOSOPHIE, pour la coordination de nos connaissances, avec la Science qui les détermine ;

2° LA POLITIQUE, avec l'Économie sociale, pour la vie pratique ;

3° L'ESTHÉTIQUE, pour l'idéal et les jouissances indispensables de la pensée. J'étudierai successivement les Héros de l'Humanité dans chacune de ces trois catégories.

A. — HOMMES DE GÉNIE DANS LE DOMAINE DE LA PHILOSOPHIE ET DE LA SCIENCE.

En voici l'énumération :

Thalès, Anaximandre, Anaximène, Empédocle, Xénophane, Leucippe, Protagoras, Prodicus, *Démocrite*, Héraclite, Hippocrate, Anaxagoras, SOCRATE, Platon, *Aristippe*, Diogène, *Aristote*, Théophraste, Straton, Aristoxène, *Zénon*, Épicure, Chrysippe, Métrodore, Carnéade, Sextus Empiricus.

Pythagore, Pythéas, Archimède, Eratosthènes, Hipparque, Euclide, Apollonius, Diophante, Sosigène, Straton, Galien, Ptolémée, Hypatie.

Hérodote, Thucydide, Xénophon, Polybe, Aristarque, Cicéron, *Sénèque*, Pline, Tite-Live, Tacite, *Plutarque*, Épictète, Lucien, Ulpien.

Avicenne, Averrhoès, Thomas d'Aquin, Roger Bacon, Abailard, Occam, *Pomponnat*, Césalpin, Copernic, Paracelse, *Van*

calendrier, publié il y a six ans, j'ai délibérément, et après mûre réflexion, éliminé Cardan. « Ce n'est point pour lui, écrit Bayle, qu'il faut dire que la folie est mêlée avec le grand esprit ; il faut prendre la chose d'un autre sens, et dire que le grand esprit est mêlé avec la folie ; le grand esprit ne doit être considéré que comme l'*appendix* et l'accessoire de la folie ». (*Dictionn. historique et critique*, art. « Cardan ».)

Helmont, Etienne Dolet, Reuchlin, Michel Servet, Rabelais, Montaigne, Charron, *Giordano Bruno*, Vanini, Bacon, Cujas, La Rochefoucauld, *Gassendi*, *Descartes*. Pascal, *Hobbes*, Sidney, *Spinoza*, *Leibnitz*, *Vico*, *Locke*, *Newton*, *Bayle*, *Fontenelle*, *Voltaire*, *Montesquieu*, Helvétius, *Fréret*, *Diderot*, d'Holbach, *D'Alembert*, Adam Smith, La Mettrie, *Gibbon*, Condillac, Beccaria, *Buffon*, *Hume*, *Kant*, Condorcet, Cabanis, Maupertuis, *Hegel*, *Bentham*, *Cuvier*, Lamarck, *Bichat*, Gall, Geoffroy-Saint-Hilaire, Broussais, Auguste Comte, Feuerbach, Schopenhauer, *Michelet*, Carlyle, Darwin.

Marco Polo, Gutenberg, *Christophe Colomb*, Vasco de Gama, Vésale, Képler, *Galilée*, Harvey, Papin, Huyghens, Vaucanson, Franklin, Montgolfier, Arkwright, James Watt, Galvani, *Volta*, Davy, *Linné*, Lavoisier, Euler, Priestley, Berzélius, Jenner, J. Bernouilli, Berthollet, Laplace, Lagrange.

Soit, en tout, 146 philosophes et savants de génie, sur lesquels 40 sont signalés (1) par M. Lombroso comme présentant des tares quelconques ou, du moins, ce que l'auteur considère comme tel.

C'est ainsi que sont dénoncés comme *célibataires* (cela sous le titre de « stérilité ») : Galilée, Gassendi, Descartes, Spinoza, Hobbes, Locke. Leibnitz, Newton, Bayle, Fontenelle, Hume, Kant, Bentham (p. 27). De plus, Leibnitz méditait surtout dans la position horizontale ; Gassendi prononçait des sermons à quatre ans (p. 30) ; Spinoza était petit (p. 8), Locke, et Képler, étaient maigres (p. 19) ; Hobbes, Fontenelle et Bentham moururent à quatre-vingts ans passés.

Aristippe était « débauché » (p. 90) ; Plutarque « eut un grand-père adonné au vin » (p. 213) ; Pomponnat était petit, Giordano Bruno, vagabond (p. 36) ; Gibbon et Linné étaient hydrocéphales, Cuvier avait le cerveau énorme mais hydropique (p. 12) ! D'Alembert, fils naturel, précoce, « pleurait sous la piqûre de la critique »

---

(1) Les noms ci-dessus en italiques ; j'ai écrit en petites capitales ceux des hommes chez lesquels le génie paraît réellement associé à la folie.

(p. 53) ; Voltaire, grand, maigre, précoce, hypocon-
driaque (p. 72), mort octogénaire, conçut un chant de
la *Henriade* en rêvant (p. 40) et « il aurait tué
son oppositeur scientifique » (p. 51); Montesquieu
ébaucha l'*Esprit des lois* en voiture (p. 39), et « il laissait sur le carreau l'empreinte de ses pieds » (p. 67);
Diderot avait des distractions (p. 57), Buffon aussi
et, de plus, il s'abandonnait à d'étranges contorsions
du visage (p. 67), sans compter qu'il mourut à quatre-
vingt-un ans; Darwin était névropathe (p. 155);
Carlyle redoutait de faire sa malle (p. 89), ne pouvait
voyager en voiture avec sa femme (p. 94) et mourut
octogénaire.

Galilée, comme Voltaire, aurait « tué son oppositeur
scientifique ». Quant à Bichat, il avait l'hémisphère
gauche plus développé que le droit.

Pour Michelet, on devrait dire aussi de lui qu'il
appartient au monde de la « phréniatrie », si l'on songe
« à son histoire naturelle de fantaisie, à ses obscénités
académiques (!), à sa vanité incroyable et à ses derniers
volumes de l'*Histoire de France*, transformés en un
bourbier d'anecdotes scandaleuses et de paradoxes
bizarres » (p. 367). Voilà comment M. Lombroso
apprécie l'homme aimable, le grand penseur et le profond historien, dont la France intelligente se prépare à
célébrer le centenaire. C'est tout de même insupportable,
et j'ai trop étudié la question pour ne pas reconnaitre
ici le coup du Sémite qui, au fond, ne peut pas plus être
historien que savant. « L'histoire, dit excellemment
Gustave Tridon, ne lui est jamais apparue que comme
thème à sa propre glorification et à la malédiction des
autres (1). »

Que dire, d'ailleurs, de ce médecin, de cet aliéniste

---

(1) G. Tridon, ancien membre de la Commune de Paris, *Le
Molochisme juif*, p. 10. Bruxelles, 1884.

qui se permet de stigmatiser les plus purs génies en leur
donnant une place dans son pilori, sous prétexte qu'ils
furent petits, précoces, célibataires ou moururent à
quatre-vingts ans et plus? On n'exigera pas que j'entre
dans des explications à cet égard ; ce serait se moquer
du lecteur, assez éprouvé déjà par la reproduction nécessaire de pareilles élucubrations. Je ne veux retenir que
le fait de la longévité, assez commune chez les grands
hommes et que l'auteur attribue à leur dureté, à leur
égoïsme, à leur défaut « d'affectivité ». Mais, pourtant,
ce n'est pas la peine d'être médecin pour ignorer que la
longévité est d'ordinaire une affaire d'hérédité et que
ceux-là, surtout, ont la chance de mourir très vieux, qui
ont des ascendants octogénaires. Tout cela est d'autant
plus étonnant que les partisans de la théorie du génie-
névrose, signalent volontiers comme inférieurs, et avec
plus de raison, les individus qui « meurent de chagrin » (1). Ils devraient pourtant bien se mettre d'accord entre eux. De fait, la loi de nature est ainsi :
l'homme bien constitué résiste aux plus poignantes
douleurs ; la plaie subsiste, mais, avec le temps, cicatrisée. Ceux qui succombent au chagrin ne sont nullement des individus d'élite, mais bien plutôt des esprits
insuffisamment équilibrés ; sans quoi, le monde périrait.
Cette longévité de certains génies, d'ailleurs non géné-
ralisée, est une preuve de plus de la plénitude de leur
vitalité, de l'intégrité parfaite de leur organisation.

Nous arrivons à des faits, en apparence plus précis,
aux cas de Sénèque et de Bacon, flétris comme criminels,
« accusés de péculat » (p. 94). Mais, d'abord, c'est passer les bornes que d'assimiler de pareils cas à ceux des
criminels nés ou fous moraux de la pire espèce ; ensuite
la cause est loin d'être définitivement jugée. Sans

---

(1) Moreau (de Tours). *loc. cit.*, p. 523.

partager l'enthousiasme immodéré de Diderot pour
Sénèque, il est permis de faire remarquer, qu'en somme,
les accusations portées contre le précepteur de Néron
reposent principalement sur les dénonciations du dis-
crédité Suilius, citées par Tacite et reproduites par
Dion (1). Quant à Bacon, il faut avant tout ne pas s'en
tenir aux venimeuses allégations de Macaulay (2). Le
contre-poison se trouve dans la complète et si consciencieuse étude de B. Montagu, l'éditeur bien connu des
œuvres du grand philosophe (3). Comme le dit un auteur
récent, sa grande faute a été de n'avoir pas empêché ses
officiers et ses serviteurs d'abuser de leur situation auprès de lui pour prévariquer. « Mais la postérité, plus
juste et plus vraie que les juges politiques de Bacon,
proclame que le chancelier, dans les fonctions de sa
charge, a toujours agi de bonne foi et qu'il a toujours
rendu à chacun, riche ou pauvre, loyale justice ; qu'il n'a
jamais fait aucun acte avec intention criminelle et que,
sans la preuve de cette intention, il ne saurait y avoir
aucun crime de corruption (4). »

Sans plus de raison, quoique dans un tout autre
ordre d'idées, Hegel est stigmatisé comme ayant eu une
sœur folle. Je demande ici qu'on m'accorde ce postulat:
la présence accidentelle d'un aliéné dans la famille d'un
grand homme ne prouve absolument rien, quant à sa
dégénérescence, lorsque, bien entendu, il n'existe chez
lui aucune tare mentale. Le fait, s'il était généralisé,

---

(1) Cf. Tacite, *Annal.*, XIII, 42. — Dion, *Hist. roman.*, LII,
2. — Diderot, *Essai sur les règnes de Claude et de Néron*, liv. I,
59, sq. — Hochart, *Etude sur la vie de Sénèque*, p. 147, sq. Paris,
1883.
(2) Macaulay. *Critical and historical Essays: Lord Bacon* (juillet, 1837).
(3) *The works of Francis Bacon*, a new edition, by Basil Montagu, 16 vol. in-8°. London, 1825-1834.
(4) Camoin de Vence. *La vérité sur la condamnation du chancelier Bacon*, p. 57. Paris, 1886.

pourrait être un indice ; mais, comme la suite de cette étude le démontrera, il est, au contraire, exceptionnel.

Je ne m'arrêterai pas sur les cas de Van Helmont, voyant son âme sous la forme d'un cristal, — de Descartes, se croyant hanté par une personne invisible, après une longue retraite, — de Colomb entendant une voix, sur le rivage de la Jamaïque, lui reprocher de s'être livré à la tristesse (p. 88) (1); ce sont là pures mystifications ou simples rêves de malade, sans contrôle possible comme sans réalité.

Et Démocrite, « qui se creva les yeux parce qu'il ne pouvait voir une femme sans la convoiter ! » (p. 90). Sans doute, comme dit Bayle, plusieurs auteurs rapportent cette sottise (2) ; mais ni Plutarque (3) ni les écrivains postérieurs n'ont pris cela au sérieux. Il faut y regarder à deux fois avant d'avaler de pareilles bourdes. Un fait acquis, rapporté par tous les auteurs, c'est que le plus grand philosophe de l'antiquité, après Aristote, mourut octogénaire et voyagea beaucoup. Or, comme le remarque Bayle, « on ne s'avise guère d'entreprendre de grands voyages quand on est aveugle ; et si ceux qui ont passé l'âge de quatre-vingts ans avaient besoin de s'aveugler, ce ne serait pas à cause que la vue des femmes allume en eux le feu de l'amour » (4). C'est un conte à dormir debout.

Mais le génie que j'ai le plus à cœur de dégager ici, c'est l'homme incomparable, demeuré encore aujourd'hui, comme au temps du Dante, le maître de ceux qui

(1) Christophe Colomb, de plus, aurait eu un fils « trigame », p. 212.

(2) Cicéron (de Finibus, lib. V) mentionne le fait, sans l'affirmer. Le seul Tertullien s'en empare pour en faire un exemple et démontrer la supériorité du christianisme sur la sagesse païenne (Apologet., cap. 46).

(3) Plutarque. Sur la curiosité.

(4) Bayle. Dictionnaire historique et critique, art. « Démocrite », note L.

savent ; le philosophe dont les œuvres, pendant plus de quinze siècles, ont alimenté les sources de la pensée humaine, — Aristote, en un mot, véritablement digne des louanges sans fin accumulées à tort, par la secte spiritualiste, sur le rhéteur bavard et rétrograde appelé Socrate. Si le Stagirite s'est, en effet, donné la mort, — et bien que l'âge constitue une excuse relative, — la tare apparaît, pourtant, dans une certaine mesure. Car, à part les grands et inéluctables suicides (1) des Arria et des Caton, le meurtre de soi-même est un acte avéré de folie, possible seulement chez les individus ayant perdu le sentiment ou l'instinct de la conservation ; instinct sans lequel l'espèce humaine s'éteindrait à coup sûr, et dont la disparition constitue par conséquent un signe indéniable de trouble mental. Or, notre auteur se contente de dire que « la liste des grands hommes qui ont abouti au suicide est infinie (?) ; elle s'ouvre par les noms de Zénon, d'Aristote, etc. (p. 71) ». Et c'est tout. La question valait pourtant la peine d'être discutée, d'autant que l'accord est loin d'être parfait ; c'est même tout le contraire.

« L'assertion d'Eumélus et autres, d'après laquelle Aristote se serait empoisonné, dit l'illustre Grote (2), semble être une invention suggérée par une analogie supposée avec la mort de Socrate. » Il y a bien une inscription relatant le fait de l'empoisonnement (3). Mais, des inscriptions, il faut en prendre et en laisser, — en dépit de certaines taupes littéraires, experts en écri-

_____

(1) Les nombreux auteurs mystiques qui ont laissé aller tant de sottises à propos du suicide dans les temps romains, me paraissent n'avoir jamais réfléchi à une chose : c'est qu'à une époque où la puissance romaine avait réalisé, en quelque sorte, l'unité du genre humain, au moins du monde civilisé, il n'y avait pas, en cas de défaite, à s'expatrier pour échapper au vainqueur ; le seul refuge était dans la mort.

(2) Grote. *Aristotle*, t. I, p. 22. London, 1872.

(3) *Corpus. Inscript. græc.* de Bœckh, 2, n° 911, p. 580.

ture ancienne, toujours prêts à vanter leur marchandise, au détriment de Thucydide et de Tacite. De fait, « cette inscription, dit très bien M. Chaignet, ne prouve pas qu'il se soit empoisonné, mais seulement que l'auteur a connu cette tradition et qu'il l'a acceptée » (1). Elias de Crète raconte d'autre part qu'Aristote se jeta dans l'Euripe, de désespoir de n'avoir pu découvrir l'explication du phénomène des marées qui s'y produit ; autre fable, tout à fait ridicule celle-là, en dépit des atténuations et des raffinements introduits par différents Pères de l'Église, Justin, Grégoire de Nazianze et autres.

Dans tous les cas, il eût été convenable de faire connaître l'opinion adverse, émise par Apollodore (2), Aulu-Gelle (3), Denys d'Halicarnasse (4) et Censorinus — qui valent bien, ce semble, Eumélus, Mésychius, Elias de Crète et Justin — opinion d'après laquelle le philosophe serait mort, vers soixante-trois ans, d'une maladie d'estomac. *Hunc ferunt naturalem stomachi infirmitatem*, dit Censorinus, *crebrasque morbidi corporis offensiones adeo virtute animi sustentasse, ut magis mirum sit annos LXIII vitam protulisse quam ultra non protulisse* (5). Ce qu'il faut entendre évidemment : « Il supporta, à ce qu'on rapporte, une maladie naturelle de l'estomac — et diverses autres phénomènes morbides, fréquemment reproduits, — avec une telle constance, qu'il faut s'étonner de l'avoir vu prolonger sa vie jusqu'à soixante-trois ans, loin qu'il ait paru pouvoir dépasser ce terme. »

Il paraît donc certain qu'Aristote ne mourut pas pas

(1) Chaignet. *Essai sur la Psychologie d'Aristote*, p. 42. Paris, 1883.
(2) Diog. Laert., V. 10.
(3) Aulu-Gelle. *Noct. attic.* XIII, 5.
(4) Denys d'Halicarnasse, *Ep. ad Amm.*, 5.
(5) Censorin. *De die natali*, 14.

suicide ; que si même un doute pouvait subsister, au moins ce grand homme devrait-il en avoir le bénéfice (1).

On peut en dire autant de Zénon, que M. Lombroso range d'emblée, sans citations ni commentaires, parmi les suicidés (p. 71). « Les témoignages varient sur le genre de la mort, dit le savant Victor Leclerq, parlant du fondateur du stoïcisme. On dit que s'étant cassé un doigt par une chute en sortant du portique, il frappa la terre de sa main, prononça ces mots de la Niobé d'Eschyle : « Je viens, pourquoi m'appelles-tu ? » et s'étouffa en retenant son haleine ; ou qu'il se laissa mourir de faim ; ou enfin, chose plus vraisemblable à son âge, qu'il mourut de vieillesse (2). » En effet, il avait quatre-vingt-dix-huit ans !

Beaucoup plus sérieux est le cas de Newton, sur lequel, d'ailleurs, M. Lombroso ne nous donne que de vagues renseignements. L'auteur des *Principia philosophica* était maigre (p. 10), célibataire (p. 27) ; il résolvait des problèmes en songe (p. 41) et, un jour, il lui arriva de bourrer sa pipe avec le doigt d'une de ses nièces (p. 55), ce qui décèle une grande patience chez cette bonne nièce ; de plus, il avait des vertiges, lesquels « comme on sait, ont des rapports étroits avec l'épi-

(1) Quant à son prétendu bégaiement, il n'a pas plus de réalité. Il s'agissait simplement d'une sorte de grasseyement (τραυλότης) « que ses disciples imitèrent, dit M. Chaignet, comme les courtisans imitèrent la tête penchée d'Alexandre » (*loc. cit.*, p. 55).

(2) *Biographie universelle* (Michaud), art. « Zénon ». Les gens qui affirment que Zénon s'est tué, d'après Diogène Laërte, feraient bien de lire celui-ci jusqu'au bout. Quelques lignes après le récit du suicide, l'auteur cite des vers « de sa façon », comme il l'indique et dont voici le sens : « On varie sur le genre de mort de Zénon de Citium ; les uns veulent qu'il finit sa vie épuisé d'années ; les autres soutiennent qu'il se laissa mourir de faim ; quelques autres prétendent que, s'étant blessé en tombant, il frappa la terre de sa main et dit : Je viens de moi-même, ô mort ! pourquoi m'appelles-tu ? » (Diog. Laert., *Vie des Philosophes*, VII, 1). Comme on le voit, l'historien n'affirme rien du tout.

lepsie » (p. 69). Oui, mais quelle sorte de vertiges? Enfin, « en 1693, après le second incendie de sa maison, et à la suite d'excès d'étude, il tint des discours si incohérents avec l'archevêque (sic), que ses amis s'en alarmèrent sérieusement.... Quelque temps après, il écrivit deux lettres qui, dans leur forme obscure et confuse, attestent à double titre comment, même dans la suite, il ne fut qu'imparfaitement guéri du délire de la persécution » (p. 117). Et encore : « ce fut probablement pendant cette maladie qu'il composa l'*Apocalypse*, la -*Chronologie* », etc.

Voici les faits exacts, tels qu'ils sont rapportés par Biot. Le détail lui en fut communiqué par un M. Van Swinden, lequel aurait trouvé dans les papiers de Huyghens une note manuscrite, de la main de ce dernier et ainsi conçue : « Le 29 mai 1694, M. Colin (ou Colm?), Écossais, m'a raconté que l'illustre géomètre Isaac Newton, est tombé il y a dix-huit mois, en démence (*cecidisse in phrenesin*) soit par suite d'un trop grand excès de travail, soit par la douleur qu'il a eue de voir consumer par un incendie son laboratoire de chimie et plusieurs manuscrits importants. M. Colin a ajouté qu'à la suite de cet accident, Newton s'étant présenté chez l'archevêque de Cambridge et ayant tenu des discours qui montraient l'aliénation de son esprit, ses amis se sont emparés de lui et ont entrepris sa cure, et l'ayant tenu enfermé dans son appartement, lui ont administré bon gré, mal gré, des remèdes au moyen desquels il a recouvré la santé, de sorte qu'à présent, il recommence à comprendre son livre des *Principes* (1). »

On ne peut donc guère douter que Newton n'ait subi en 1694, c'est-à-dire à l'âge de cinquante-deux ans, une crise mentale sur la nature précise de laquelle il est

_____

(1) Biot, in *Biographie Michaud*, art. « Newton ».

difficile de se prononcer (1). Mais ce que je veux retenir, c'est le fait de l'éclipse, de la disparition du génie du grand géomètre à partir de cette crise. Nous avons ici le témoignage irréfutable de Biot, d'un savant illustre dont la compétence ne saurait être discutée. « Ce fait d'un dérangement d'esprit, dit-il, quelle qu'en puisse être la cause, expliquerait pourquoi, depuis la publication du livre des *Principes* en 1687, Newton, alors âgé seulement de quarante-cinq ans, *n'a plus donné de travail nouveau sur aucune partie des sciences*, et s'est contenté de faire connaître ceux qu'il avait composés longtemps avant cette époque, en se bornant à les compléter dans les parties qui pouvaient avoir besoin de développement. Et l'on peut remarquer que ces développements mêmes paraissent toujours tirés d'expériences ou d'observations précédemment faites, comme les additions à la seconde édition des *Principes* en 1713 et les expériences sur les plaques épaisses, sur la diffraction, ainsi que les questions chimiques placées à la fin de l'*Optique* en 1704 ; car, en rapportant ces expériences, *Newton dit formellement qu'il les a tirées d'anciens manuscrits qu'il avait autrefois composés;* et il ajoute que bien qu'il sente la nécessité de les étendre ou de les rendre plus parfaites, il n'a pu se résoudre à le faire, ces matières étant désormais trop loin de lui (2). »

Le cas de Newton n'est donc pas encore de ceux qui rentrent dans la théorie du génie-folie, puisque chez lui l'apparition de la folie fut le signal de la disparition du génie. En vain, objecterait-on que cela ne prouve rien ; que le fait de la crise mentale décèle l'existence d'un cerveau « dégénéré », prédisposé, et que c'est précisément grâce à cette prédisposition à la folie que le génie a pu se

---

(1) Moreau (de Tours) pense qu'il s'agit peut-être de la *stupeur* ou démence aiguë d'Esquirol.
(2) Biot, *loc. cit.*

manifester. Cela ne pourrait être allégué que dans le cas où ces états mixtes étant plutôt la règle — comme le prétend M. Lombroso — le génie paraîtrait, en quelque façon, conditionné par eux. Mais comme c'est précisément le contraire qui arrive, comme ces faits de coïncidence du génie avec la folie sont tout à fait exceptionnels, ainsi que nous le verrons, l'argumentation de nos adversaires tombe d'elle-même. Ce qui ressort de l'étude approfondie du cas de Newton, c'est que, précisément, ses immortelles découvertes ont été faites dans le moment de la parfaite intégrité de son cerveau qui ensuite, épuisé par l'effort et en raison peut-être d'une certaine prédisposition d'ailleurs très faible, commença à subir un processus de désintégration ; aussi, à la suite de sa crise mentale, l'auteur des *Principes* ne produisit-il plus rien d'important.

Il faut en dire autant de Vico, de Volta et de Linné ; les faits, ici beaucoup plus simples, ont été exagérés, dénaturés comme à plaisir. Ainsi, M. Lombroso a un chapitre intitulé : « Hommes de génie aliénés », avec ce sous-titre : Vico, Montanus, Harrington, etc. Or, il ne dit rien de Vico, sinon « qu'il termina par la démence une glorieuse carrière » (p. 100). Et en voilà encore un de classé ! Mais le fait d'avoir présenté des signes d'affaiblissement sénile, à soixante-quinze ans, ne peut véritablement être assimilé à la folie proprement dite (1). De même pour Linné, frappé d'apoplexie à soixante-sept ans, et Volta à soixante-dix-huit (2). C'est un étrange abus que d'établir d'emblée une relation entre la folie et l'hémorragie cérébrale ; d'ailleurs, quand ils furent ainsi annihilés, ces trois grands hommes avaient terminé

---

(1) *Vita di G.-B. Vico* : appendice de Villarosa, in *Opere di G. Vico*, t. IV, Milano, 1836.

(2) Voy. *Nouvelle Biographie*, par Hœfer. Paris, Didot, art. « Linné » et « Volta ».

depuis longtemps les travaux qui les ont immortalisés.

C'est aussi le cas de Haller qui, vers la fin de sa vie, tomba dans un véritable abrutissement religieux (1) et se gorgea d'opium pour calmer la douleur de ses accès de goutte.

En somme et tout bien examiné, il ne reste à l'actif de la théorie lombrosienne, sur cent quarante-six philosophes et savants de génie, que Socrate, Pascal, Auguste Comte et Schopenhauer.

Leur cas sera examiné plus loin, quand un triage analogue aura été opéré pour les deux autres catégories.

IV

B. — GRANDS POLITIQUES ET CHEFS DE PEUPLE.

Il y a lieu d'établir ici deux subdivisions, comprenant : *a.* les politiques et hommes d'Etat proprement dits ; *b.* les réformateurs et enthousiastes religieux, que je ne regarde pas, pour ma part, comme des Héros de l'Humanité ; seulement, je puis d'autant moins les rejeter, dans l'espèce, qu'on me reprocherait, avec quelque apparence de raison, d'avoir voulu me débarrasser du principal déchet.

a. Grands politiques et hommes d'État. — Nous retiendrons les noms suivants, universellement admis :

Cyrus, Solon, Clisthène, Miltiade, Léonidas, Aristide, Thémistocle, *Périclès*, *Alcibiade*, Thrasybule, Epaminondas, Timoléon, *Démosthène*, Alexandre, Démétrius Poliocerte, Philopœmen.

---

(1) « Son père, dit Galton, appartenait à une famille *héréditairement pieuse* » (*loc. cit.*, p. 213).

Junius Brutus, Camille, Manlius Capitolinus, Fabricius, Spurius Cassius, Licinius Stolon, Cincinnatus, Décius, Fabius Maximus, Regulus, Scipion l'Africain, Paul Emile, Tiberius et Caius Gracchus, Pompée.

César, Titus, Vespasien, Adrien, Nerva, Antonin, Trajan, Marc-Aurèle, Dioclétien, Julien.

Théodoric, Charles-Martel, Charlemagne, Alfred, Othon le Grand, Rodrigue le Cid, Jean Hunyade, Louis XI, Comines, Isabelle de Castille, Henry V, Côme de Médicis, Léon X *Charles-Quint*, Don Juan de Lépante, Elisabeth, Henri IV, Sully, *Richelieu*, Oxenstiern, Guillaume le Taciturne, Gustave-Adolphe, *Cromwell*, Jean de Witt, Ruyter, Jean Sobieski, Vauban, Colbert, Guillaume III, *Pierre le Grand, Frédéric le Grand, Catherine II, Napoléon.*

Rienzi, Machiavel, Etienne Marcel, Jacques Arteweld, Pierre de Gondi, Pombal, d'Aranda, Kosciusko, Franklin, Sieyès, Danton, Anacharsis Clootz, Hoche, Marceau, Washington, *Mazzini, Cavour*, Garibaldi.

Voilà quatre-vingt-douze héros, sur lesquels treize sont portés par M. Lombroso à l'actif de sa théorie.

Mais, je retrancherai d'abord Alcibiade et Démosthène, accusés de bégaiement. Outre que ce « stigmate » ne suffit pas, à lui seul, pour caractériser la dégénérescence, et que, de plus, il peut coexister avec une intégrité parfaite des pouvoirs psychiques, complètement indépendants de sa réalité, — il apparaît comme insignifiant et transitoire chez ces deux grands hommes. Alcibiade, nous dit Plutarque d'après Théophraste, cherchait souvent, dans ses discours, ce qu'il fallait dire et parfois s'arrêtait court en pensant à la suite de son improvisation (1). Est-ce là du bégaiement ? Pas le moins du monde ; c'est le cas, tout simplement, de beaucoup d'orateurs, et des plus grands, dont les foudroyantes périodes ne s'échappent que par bonds et

_____

(1) Plutarque. *Vie d'Alcibiade* et *Préceptes pour les Hommes d'État,* 8.

saccades ; bien différents des rhéteurs « à robinet », dont la bouche s'ouvre en laissant passer, comme par les portes d'une écluse, un flux intarissable de paroles ininterrompues, mais sans éclat. Est-ce qu'avec un vrai bégaiement, Alcibiade aurait pu, dès son début dans les affaires, et très jeune encore, éclipser les autres orateurs (1) ? J'en dirai autant de Démosthène, le plus grand de tous, et qui ne serait jamais devenu tel si véritablement il avait fallu le compter parmi les bègues. Que les malheureux atteints de cette infirmité s'en aillent donc, avec de petits cailloux plein la bouche (2), déclamer des tirades sur le bord de la mer en furie, ou ailleurs ; tout le monde sait d'avance qu'ils n'en parleront pas mieux. Démosthène paraît avoir souffert tout bonnement d'un défaut de prononciation, d'une articulation incorrecte et insuffisante, ce qui se corrige assez aisément.

Il est particulièrement pénible de voir figurer ici Périclès, le plus grand homme d'Etat de tous les temps, comme Aristote en est le plus grand philosophe. Et cela parce qu'il avait la tête un peu oblongue ; les poètes comiques l'appelaient *Schinocéphale* (tête de scille). D'autre part, il ressort surtout d'autres citations de Plutarque dans le même passage, que le grand dictateur athénien, — un vrai dictateur par persuasion, celui-là ! — avait surtout un crâne extrêmement développé. « Périclès, dit Téléclide, ne sait plus que devenir : tantôt il demeure assis dans la ville, soutenant de ses mains son crâne pesant ; et tantôt, de son énorme tête, il fait jaillir un bruit de tonnerre » (3). De fait, tous ceux qui ont eu la bonne fortune de contempler le buste du *British Museum* devront l'avouer :

---

(1) Plutarque. *Vie d'Alcibiade.*
(2) *Ibid. Vie de Démosthène.*
(3) *Ibid. Vie de Périclès.*

impossible de rien rêver de plus admirable que cette tête, respirant, avec la puissance et la sérénité, une bienveillance ineffable, signe visible et caractéristique des qualités maitresses, qui faisaient de ce héros l'objet de l'enthousiasme universel et lui valurent le surnom d'Olympien.

J'écarte ensuite Mazzini, signalé comme « célibataire » (p. 43) et Catherine la Grande, accusée d' « anomalie sexuelle » (p. 222). A propos de cette dernière, j'infligerai à l'auteur, la citation tout entière : « Il y a un fait qui corrobore toutes les données citées plus haut. C'est que presque toutes les femmes géniales présentent des cas d'anomalies sexuelles. Il suffit de rappeler Sapho, la grande Catherine, Aspasie, George Sand » (p. 222). On aura beau dire : c'est écœurant et par trop « biblique ».

Cromwell et Cavour ne nous arrêteront guère plus longtemps. Pour ce qui concerne l'immortel restaurateur de la liberté et de la puissance britanniques, il n'y a contre lui qu'une prétendue hallucination, au cours de laquelle il aurait vu paraître « un fantôme gigantesque, lui prédisant qu'il deviendrait le plus grand homme de l'Angleterre » (p. 42). Mais, d'abord, on raconte de pareilles histoires de presque tous les personnages partis d'en bas et arrivés très haut ; de plus, celle-ci se trouve exposée pour la première fois dans la *Vie de Cromwell* par ce James Heath que Carlyle appelle *carrion* — comme qui dirait *charogne* Heath — et auquel, dans sa magistrale biographie du Protecteur, il n'accorde, avec raison, aucune importance (1). « On peut à bon droit trouver étrange, écrit un des derniers biographes de

---

(1) « L'origine de toutes les biographies hostiles, la source principale de toutes les sottises qui se sont dites à propos d'Olivier, est le triste petit livre intitulé : *Flagellum, or the Life and Death of O. Cromwell, the late Usurper, by James Heath*, — lequel parut

Cromwell, que Ranke ait cru devoir faire intervenir comme un des traits propres à caractériser le Protecteur, une fable telle que celle-là, manifestement imaginée dans les pires intentions du monde (1). »

Quant à Cavour, il était célibataire (p. 27), détestait la musique (p. 48), et faillit se suicider (p. 71-73). Si le grand homme d'État italien s'était en effet suicidé, il y aurait lieu d'approfondir la question ; mais entre l'idée, l'intention de se tuer et sa réalisation, il y a un abîme. Combien de gens arrivent sur le bord du précipice sans pourtant s'y jeter, non par manque de courage, mais parce qu'ils n'ont pas suffisamment réalisé cet état de démence — je ne parle pas des Caton et des Brutus — dans lequel le sentiment de la conservation étant complètement aboli, l'individu entre en plein dans la monomanie suicide et s'extermine sans douleur comme sans regret. Tant que le sujet n'est pas arrivé à cet « état d'âme », on n'est pas en droit de le considérer comme un monomane.

Je n'ai pas donné de place à Charles-Quint dans mon calendrier, estimant que le petit-fils de Maximilien devait la plus grande partie de sa gloire aux circonstances extérieures, parmi lesquelles le « *tu, felix Austria, nube !* » joue un rôle prépondérant. Cependant, puisque M. Lombroso l'insère dans sa liste de stigmatisés, et qu'il n'y a pas de raison pour le rejeter d'une façon absolue, comme un Cardan, il m'a fallu le prendre aussi. Or, Charles-Quint est dénoncé par notre auteur comme chauve, bègue (p. 26) et épileptique (p. 66). Moreau (de Tours) avait rappelé le cas de Jeanne la

---

aussitôt que possible après l'*Annus mirabilis*, ou de la Glorieuse Restauration, et est conçu dans l'esprit que l'on peut se figurer. » (Carlyle, *Oliver Cromwell, letters and speeches*. London, 1845, p. 12 et 30 de la *People's édition*.)

(1) F. Hœnig. *Oliver Cromwell*, t. I, p. 79, Berlin, 1887-1889.

Folle, mère de l'empereur et la retraite de ce dernier dans le soi-disant monastère de Saint-Just, où, après avoir vécu de la vie des cénobites, il aurait eu l'étrange idée de faire célébrer ses funérailles de son vivant (1), etc.

Pour ce qui regarde l'épilepsie, voici ce que dit Mignet : « Dans sa jeunesse, il avait ressenti des accès nerveux *qui ressemblaient à l'épilepsie* et que son historien Sepulveda appelle de ce nom. A la fin de 1518 et au commencement de 1519, deux de ces attaques l'avaient renversé sans connaissance... Délivré de cette terrible maladie en 1526, à la suite de son mariage avec l'infante Isabelle de Portugal, il ne cessa d'éprouver des douleurs de tête qui l'obligèrent à couper ses longs cheveux en 1529 (2) ». Rien ne prouve en effet qu'il se soit agi de véritables attaques d'épilepsie ; en tout cas, ces accès disparurent complètement en 1526 et il n'y a pas à compter avec eux dans le cours de la vie active de l'empereur. D'autre part, sa mère était folle, comme le fut aussi la sœur de Hegel ; j'ai dit plus haut que cela n'avait qu'une importance tout à fait secondaire et même nulle, si, contrairement à l'assertion de nos adversaires, de pareils cas apparaissaient comme exceptionnels. Charles-Quint se ressent beaucoup moins de « l'héritage » de sa mère, si l'on veut me permettre cette expression, que de celui de son arrière-grand-père et de ses aïeuls : Charles le Téméraire, Isabelle de Castille et Maximilien. En somme, ce ne sont pas là de mauvais antécédents, et on peut dire avec raison qu'il a « fait honneur à sa famille ». Mais, d'une assez faible constitution, il n'était pas capable de résister aux excès amoureux qu'il se permet-

---

(1) Moreau, *loc. cit.*, p. 520.
(2) Mignet. *Charles-Quint. Son abdication, son séjour et sa mort au monastère de Yuste*, 10ᵉ édit. Paris, 1882, p. 20. Sepulveda, vol. II, lib. xxx, c. 36, p. 536.

tait (1), combinés avec les perpétuels soucis et fatigues de ses grandes entreprises. « Notez, dit Bayle, qu'il courut un bruit que Charles-Quint avait la vérole : *Imperator, ut nonnulli confirmant, ex morbo Gallico laborat* (2). » Le fait n'est pas prouvé ; rien d'étonnant d'ailleurs, à ce que l'empereur ait rivalisé sur ce point avec François Ier, comme sur tant d'autres. Dans tous les cas, pas n'est besoin de faire intervenir ici une soi-disant « folie syphilitique ». La vérité est que Charles-Quint, vieilli avant l'âge, aigri, assommé par ses derniers échecs, s'empressa de se débarrasser du pouvoir, qu'il avait peur de voir désormais péricliter entre ses mains. Il se retira au monastère de Yuste, où il ne mena pas du tout le genre de vie imbécile que lui prêtent Robertson et tous les autres sur la foi des moines hiérony-mites. « Dans sa pieuse retraite, dit un auteur récent et non suspect de partialité, Charles-Quint vivait à part des moines. Sa résidence, contiguë au monastère, en était indépendante comme sa vie. Très dévotieux, il se sentait aise du recueillement mon   al qui l'envelop-pait, mais il n'entendait pas cepen   omme on l'a prétendu, s'astreindre aux rigueurs ascétiques. Ce qu'on a dit du déclin de son intelligence et de son dénuement claustral à Yuste n'est pas plus exact. L'empereur sur-vivait toujours dans l'anachorète ; mêlé encore aux plus hauts intérêts de la politique, il gardait toute la fierté de son génie dans un corps vaincu. « Son esprit, « dit Mignet, resta ferme, son âme haute et son carac-« tère décidé, ses vues fortes ; il donna, sur la conduite

---

(1) « On raconte qu'il buvait toujours trois fois à son dîner et à son souper. Lorsqu'il couchait avec une belle dame (car il aimait l'amour et trop pour ses gouttes), il n'en eût jamais parti qu'il n'en eût joui trois fois. » (Brantôme, *Capitaines étrangers*, t. I, cité par Bayle, art *Charles-Quint*, note V.)

(2) Bunel. *Epist.*, XXVIII (cité par Bayle, art. *Charles-Quint*, note U).

« de la monarchie espagnole, les plus habiles conseils
« et les directions les plus prévoyantes à sa fille,
« la gouvernante d'Espagne, et au roi son fils. »
Jouissant du bien-être d'une vie opulente (son entre-
tien annuel coûtait 20,000 ducats) (1), il habitait, non
une modeste cellule, comme l'ont avancé Sandoval et
Robertson, mais une confortable maisonnette », etc. (2).
On voudra bien excuser ces détails : il est indispensable de couler bas toutes ces légendes qui, en faussant
l'histoire, fournissent des armes aux détracteurs de
l'humanité, aux adeptes de la théorie du « valet de
chambre (3). »

Pour ce qui concerne Richelieu, la légende a été forgée
de toutes pièces par lesdits adeptes, à l'aide d'un ridicule document. « Richelieu, dit M. Lombroso, d'après
Moreau (de Tours), dans un accès épileptique, se croyait
changé en cheval et sautait autour d'un billard. Revenu
à lui-même, il avait tout oublié : ce qui dénote évidemment que c'était là un accès épileptique (p. 69) ». Peut-
être ; mais encore faudrait-il savoir jusqu'à quel point le
grand cardinal sautait autour d'un billard en hennissant
comme un cheval. Moreau a ramassé cela dans les papiers de Madame, mère du Régent (4). Fille de l'Élec-

---

(1) Cette somme équivaudrait, d'après Mignet, à 720,000 de
nos francs.

(2) Van Arenbergh, *Charles-Quint*, t. II, p. 158. Société de
Saint-Augustin ; Derelici, imprimeur des facultés catholiques.
Lille, 1890. — Cf. Mignet, *loc. cit.*

(3) Un mot encore sur la fantaisie qu'aurait eue Charles-Quint d'as-
sister au simulacre de son propre enterrement. Quiconque prendra la
peine de lire le dernier chapitre du livre si consciencieux de Mignet,
reconnaîtra sans doute la fausseté du récit des moines hiéronymites
de Yuste. Outre que le 31 août, jour assigné à ses soi-disant funérailles anticipées, il était retenu dans sa chambre par la maladie,
— il est tout à fait incompréhensible que ni son majordome, ni
son secrétaire, ni son médecin, qui mentionnent tous les incidents,
même les plus simples, dans leurs lettres, ne parlent pas d'un
événement aussi extraordinaire. (Mignet, *loc. cit.*, p. 410, sq.).

(4) Moreau, *loc. cit.*, p. 523.

teur Palatin, cette princesse, qui n'avait de passion que pour la chasse, les chevaux et les chiens et préférait au café et au chocolat « un bon plat de choucroute et des saucissons fumés », passait la plus grande partie de son temps à écrire à ses parents d'Allemagne, « de longues lettres dont les fragments ont servi à former ces singuliers mémoires, où la cour de France, à l'exception du roi, est déchirée, injuriée impitoyablement. » Voici le fragment auquel il est fait allusion ici :

11. « Le cardinal de Richelieu, avec tout son esprit, avait de violents accès de manie. Il s'imaginait quelquefois être un cheval ; il sautait alors autour d'un billard et donnait des coups de pied à ses domestiques en hennissant et faisant un bruit terrible pendant une heure ; après quoi ses domestiques le mettaient au lit, le couvraient bien ; il s'endormait et suait beaucoup. A son réveil, il ne se souvenait pas de ce qui s'était passé. » — Du 5 juin 1716 (1).

Ainsi, c'est une simple note que Madame n'a peut-être jamais utilisée pour sa correspondance ; et voilà, soixante-quinze ans environ après la mort de Richelieu, la première nouvelle d'une série d'accidents aussi extraordinaires! « Nous avons consulté de nombreux écrits relatifs à Richelieu, écrit M. Brunet (2), sans rien trouver qui confirme l'étrange récit de Madame. Tallemant des Réaux, si fertile en médisances et en anecdotes hasardées, est muet à cet égard ». Je n'ai pas été plus heureux, en 1898, que ne l'avait été M. Brunet en 1855. Il faut donc, jusqu'à nouvel ordre, reléguer au nombre des fables l'extraordinaire récit de cette duchesse d'Or-

---

(1) *Fragments et lettres originales de Madame*, Charlotte-Elisabeth de Bavière, veuve de Monsieur, frère unique de Louis XIV. A Hambourg et à Paris chez Maradan, t. Iᵉʳ, p. 9, 1788.

(2) Brunet, *Correspondance complète de Madame, duchesse d'Orléans*, t. Iᵉʳ, p. 241. Paris, 1855.

léans, l'unique document, en somme, dont nos contradicteurs aient pu se servir, pour admettre la soi-disant
épilepsie de Richelieu (1).

J'ai hâte d'arriver à Pierre le Grand. « Nous cher-
cherions vainement ailleurs une confirmation plus éclatante de nos idées, dit Moreau (de Tours), une preuve plus
évidente des rapports que nous soutenons exister entre
l'état névropathique et certains états intellectuels et
affectifs. Génie à sa plus haute puissance, imbécillité
congéniale, vertus et vice également poussés à l'extrême,
emportements maniaques, irrésistibles, immédiatement
suivis de repentir, passion de l'œuvre civilisatrice qu'il
poursuit poussée jusqu'au parricide, habitudes crapu-
leuses, attaques épileptiformes, etc., tout se trouve
réuni chez le tsar Pierre ou dans sa famille (p. 520) ».
M. Lombroso se contente de signaler Pierre le Grand
comme épileptique (p. 68), ivrogne (p. 86) et maniaque
(p. 212) ; ce qui est d'ailleurs suffisant !

J'avoue qu'au premier abord, comme on dit vulgairement, j'en avais fait mon deuil ; cet homme extraordinaire.
génie puissant d'une part, ivrogne et assassin de l'autre,
me semblait destiné à grossir le nombre, si restreint du
reste, des dégénérés justifiables de la doctrine du génie-
folie. En y regardant de près, il m'a paru qu'il y avait
une autre explication.

Les faits ne sont pas contestables — à part l'épilepsie.
Pierre avait des absences, cela n'est pas douteux — mais
qu'il faut mettre sur le compte de la « boisson » et non
sur celui du mal comitial, dont l'existence chez lui n'est
nullement prouvée. Il était aussi affligé d'un tic, con-

_____

(1) Que ce grand homme ait été valétudinaire, comme l'auteur
de *Tartufe*, voilà qui n'est pas douteux. Il souffrit toute sa vie
de fièvres intermittentes, de migraines, de névralgies, des hémor-
roïdes, de la gravelle ; la tête n'en resta pas moins saine. — Cf.
Dussieux. *Le Cardinal de Richelieu, passim.* Paris, 1886.

sistant dans un mouvement de rotation de la face à gauche et en arrière, comme s'il eût voulu la mettre entre les deux épaules ou comme pour apercevoir son épée par-dessus son épaule gauche. Ce tic le prenait surtout au début de certaines périodes d'abrutissement, effet du vin, où il restait plongé des heures entières. De là, entre autres choses, « l'habitude de dormir les deux mains accrochées aux épaules d'un officier d'ordonnance ».

« On a voulu y voir, dit M. Waliszewski, la source des suppositions malveillantes dont les mœurs intimes du souverain ont été l'objet (1) ». C'était tout de même une singulière façon de s'endormir.

Mais à part l'épilepsie, on doit tenir pour vraies toutes les autres accusations portées contre Pierre Iᵉʳ. « Le matin du 11 juillet 1705, visitant le monastère des Pères Basiliens à Polock, il s'arrête devant la statue de l'illustre martyr de l'Ordre, le bienheureux Josaphat. On l'a représenté avec une hache enfoncée dans le crâne. Il demande des explications : — Qui a mis ce saint homme à mort? — Les schismatiques! » (2) — Ah! ah! les schismatiques, se dit Pierre, mais c'est nous autres! Et là-dessus, d'un grand coup d'épée, il envoie le Père supérieur rejoindre le bienheureux Josaphat. Les officiers viennent à la rescousse et cinq moines sont exterminés.

« Rien de mieux établi, en apparence, dit encore M. Waliszewski, que sa réputation de férocité. C'est à voir pourtant. Il assiste fréquemment dans les chambres de torture aux interrogatoires où l'estrapade et le knout font leur besogne, comme aussi sur les places publiques où se déploie l'appareil des supplices les plus révoltants.

---

(1) Waliszewski, *Pierre le Grand. L'Éducation, l'homme, l'œuvre.* d'après des documents nouveaux. 1 vol. in-8°, p. 114. Paris, Plon, 1897.
(2) *Ibid.*, p. 120.

On croit même qu'il n'y paraît pas toujours en simple témoin..... Mais la discussion soulevée à ce sujet me semble oiseuse. Qu'il fasse à l'occasion le métier de bourreau, pourquoi pas? Il fait bien ceux de matelot ou de menuisier, et il ne sent pas, il ne peut pas sentir la différence... Pierre coupe donc les têtes? c'est possible. Et il trouve du plaisir à le faire? C'est probable, comme à faire n'importe quoi : le plaisir de l'action (1). »

Mais, permettez! l'action de couper des têtes ou d'assassiner à coup de sabre ne peut procurer du plaisir qu'à deux sortes de gens : à des criminels, à des fous moraux ou à des sauvages. Là perce le mot de l'énigme, la solution de l'antinomie que M. Waliszewski n'a pas su, peut-être n'a pas voulu découvrir.

Pierre le Grand est un sauvage, de fait — un Tartare (*Tatar* pour les Russes). Ce n'est pas seulement une affaire d'entourage, de milieu; une bonne moitié de son sang est du sang mongol. Cela paraît avec la dernière évidence dans le portrait que renferme encore la cahute de Zandam; c'est une affreuse croûte, mais un portrait très ressemblant (2), et dans lequel l'obliquité des yeux, vaguement indiquée dans les autres « icônes », ne saurait être méconnue. C'est, du moins, ce qui m'a frappé; et d'ailleurs combien de Moscovites, en ce temps-là, pouvaient se vanter d'être des Slaves, des Aryens purs? De plus, sa mère, Kirillovna Narychskine paraît bien avoir été la descendante, non pas d'une famille tchèque, les Narisci, mais du *tatar* Narisch, retrouvé par l'historien Müller dans l'entourage du Kniaz Ivan Vassilevitch (3).

Et de même qu'on ne peut pas dire des Tartares qu'ils sont des criminels ou fous moraux, encore que, dans ces

---

(1) *Ibid.*, p. 133.
(2) Sans quoi, vraisemblablement, on ne l'eût pas conservé.
(3) *Ibid.*, p. 5.

temps lointains, leur caractéristique essentielle ait été l'amour du pillage et le goût du meurtre, — de même on ne peut pas dire de Pierre le Grand qu'il fut un fou moral, mais seulement, pour une bonne part, un Tartare. En ce grand homme, il y eut véritablement deux natures ; par la bonne, par la nature aryenne, il fit les grandes choses que l'on sait et qui se peuvent résumer d'un mot : il créa la Russie. Avant lui, on ne voyait là qu'un affreux mélange de membres discordants, au milieu desquels dominait l'influence du sang mongol. Et qui sait? Si le tsar Pierre n'avait pas eu de ce sang-là dans les veines, — d'où sa nature inférieure, — il n'aurait pu déployer, je ne dirai pas l'énergie, mais la cruauté indispensable pour venir à bout de la race sanguinaire des vieux Moscovites (1). Dans tous les cas, comme Tartare, il échappe à Moreau (de Tours) et à M. Lombroso.

Que dire maintenant de Napoléon, et quelle figure fait-il à côté de celui-là? Si Pierre le Grand a créé la Russie, Napoléon a failli causer l'anéantissement de la France. Comme Annibal, il savait vaincre, sans savoir, mieux que lui, profiter de la victoire ; esprit mesquin et rétrograde, sans autre génie que celui de la guerre — toujours inutile quand il est isolé (2) — toutes ses vic-

---

(1) Lisez, dans Voltaire, le récit de « l'horrible sédition de la milice des Strélitz » ou Streltsy (*Hist. de Pierre le Grand*, ch. IV). Voyez, à un autre point de vue, les mœurs étranges et « l'équivoque (!) situation occupée par la future impératrice Catherine, parmi ses compagnes du gynécée commun, dont Pierre et Menschikof font tour à tour ensemble leur amusement. Elle est tantôt avec le tsar et tantôt avec le favori, etc. » (*Valizewski*, p. 293). Tout cela ouvertement et tout cela connu, publié ensuite en Russie, sans que le sentiment public en soit choqué. C'est comme un ressouvenir de la *Polyandrie*, cette forme de la famille primitive qu'on observe encore aujourd'hui chez les Mongols du Tibet.

(2) « L'immense ambition, dont il était dévoré, ne se trouvait réellement en harmonie, malgré son vaste charlatanisme caractéristique, avec aucune éminente supériorité mentale, sauf

toires n'aboutirent qu'à un désastre, si bien qu'après avoir fait échec à la Révolution, après avoir mis la France sous sa botte, il la fit encore piétiner par celle des Prussiens et des Cosaques.

Mais puisqu'enfin j'ai dû admettre ici ce faux grand homme, me voilà contraint de le disputer à M. Lombroso qui le range, du premier coup, parmi les épileptiques. Après avoir cité un fragment de Taine sur Napoléon : « Maintenant, s'écrie l'auteur de l'*Homme de génie*, pour qui connaît la trempe psychologique de l'épileptique, il devient clair que Taine nous a donné ici le diagnostic le plus délicat et le plus précis d'une épilepsie psychique, avec ses gigantesques illusions mégalomaniaques, ses impulsions et la plus complète absence de la morale. L'épilepsie n'est donc pas, dans l'homme de génie, un phénomène accidentel, mais un véritable *morbus totius substantiæ*, comme on dirait dans le langage médical ; de là naît un nouvel indice de la nature épileptoïde du génie » (p. 497).

C'est tout de même un peu fort, étant donné, surtout, que l'épilepsie n'est pas prouvée! L'auteur objectera qu'il ne s'agit pas ici du *haut mal* vulgaire, mais bien de quelque chose de psychique, de raffiné, d'une maladie de toute la substance, etc. Pourtant, comme l'épilepsie, proprement dite, a été alléguée, cela pourrait donner quelque apparence de réalité à la théorie ; seulement, c'est encore une assertion gratuite. « Pendant plus de onze ans que j'ai été constamment avec lui, dit Bourrienne, je n'ai jamais vu en lui aucun symptôme qui

celle relative à un incontestable talent pour la guerre, bien plus lié, surtout de nos jours, à l'énergie morale qu'à la force intellectuelle. » (Auguste Comte. *Philosophie positive*, t. VI, p. 386.) Cf. Pierre Laffitte, *Bonaparte*, in *Revue occidentale*, septembre 1897.

ressemblât le moins du monde à cette maladie » (1). Le fait d'avoir brisé un cabaret de porcelaine ou jeté au feu un vêtement qui ne lui convenait pas (p. 493), décèle le tempérament d'un « rageur » et pas autre chose. En somme — et pour ne parler que du physique — comme le dit Bourrienne, Bonaparte était très sain (2) et bien constitué; l'épilepsie et la folie n'ont rien à voir ici.

Je passe rapidement sur le grand Frédéric, auquel on reproche surtout le caractère plus qu'excentrique de son père : le roi philosophe ne « tenait » pas de lui — voilà tout.

Reste Rienzi. A ce dernier « des tribuns », M. Lombroso ne consacre pas moins de 26 pages d'un interminable et haineux réquisitoire (p. 406-432).

Que ce Cola, ou Nicolas, fils d'un certain Lorenzo, aubergiste et d'une mère blanchisseuse, ait paru quelque peu déséquilibré, et que sa puissance de réalisation n'ait pas toujours été à la hauteur de ses conceptions ; qu'il se soit montré inférieur — pas tant, cependant, au point de vue de l'action sur les contemporains — en entendant trente messes du Saint-Esprit, dans la nuit

---

(1) *Mémoires de M. de Bourrienne sur Napoléon*. Paris. Londres, 1831, t. III et IV, p. 109.
Certaines gens récusent le témoignage de Bourrienne sous prétexte que celui-ci aurait été flanqué à la porte, par Napoléon, avec un coup de pied au derrière. Ce fait, d'ailleurs exact, ne saurait faire rejeter d'emblée les informations si précieuses de l'ancien secrétaire intime, surtout quand elles cadrent avec le caractère et la conduite du patron; à plus forte raison, quand elles sont entièrement favorables à ce dernier. « L'accident de santé », dont Talleyrand fut témoin à Strasbourg, en septembre 1805, ne saurait être accepté, dans son isolement comme un accès d'épilepsie. L'empereur sortait de table et venait de passer quelques minutes, *seul* avec Joséphine. Il faut voir là tout simplement un cas de soi-disant congestion — je dirai d'ischémie cérébrale — consécutif à un bon dîner, probablement avec complications *sexuelles* immédiates (Cf. *Mémoires du Prince de Talleyrand*, t. I, p. 295. Paris, 1890).
(2) L'affection dont il mourut ne se déclara qu'à Sainte-Hélène.

qui précéda son premier triomphe ; qu'il ait manqué d'esprit de suite et d'énergie sur la fin de sa carrière, — voilà ce qui ne peut être contesté.

Mais c'est abuser de la patience humaine, que de vouloir, pour cela, en faire un monomane « dont il aurait offert tous les caractères : tendance exagérée aux symboles et aux jeux de mots (?), *activité disproportionnée à sa position sociale*, original jusqu'à l'absurde et s'épuisant toute dans l'écriture (?), sens exagéré de sa propre personnalité, » etc. (1).

Dans ce reproche fait à Rienzi, d'avoir déployé une activité hors de proportion avec sa position sociale, M. Lombroso laisse percer le bout de l'oreille, je veux dire sa haine judaïque, en dépit de ses déclamations contradictoires, contre tout ce qui est peuple, contre toute idée démocratique et vraiment sociale. Aveuglé par l'esprit de réaction, tout au plus veut-il bien reconnaître au tribun le mérite d'avoir rêvé une Italie qui ne fût ni Guelfe ni Gibeline et créé une « garde nationale ». Il ne voit pas que, dans sa rage, il arrive à en faire un illuminé sans portée comme sans influence ; il va jusqu'à lui refuser une part quelconque dans la défaite de l'aristocratie (2). Mais alors le pauvre Rienzi n'a aucun droit à figurer dans la galerie des grands hommes, c'est un simple imbécile « politique et religieux ».

La vérité est que ce fils de misérables, poussé par ce génie venu de je ne sais quel ancêtre — peut-être de quelque contemporain des Gracques ou de Catilina — ayant médité, dès l'adolescence, sur l'ancienne grandeur du peuple romain, conçut le projet de la restaurer. Et la chose énorme, stupéfiante, c'est que, pour un moment, il parut y réussir. Dans son enthousiasme, il osa rêver

---

(1) Lombroso, *loc. cit.*, p. 433.
(2) « Après que les nobles, dit-il, furent, *non grâce à lui*, vaincus, etc. », p. 417.

d'une révolution qui ne fût pas seulement municipale, pas seulement nationale, mais qui fût universelle. On a bonne grâce en vérité à se moquer de ses « messagers de la paix », envoyés par toute l'Italie pour y porter la bonne nouvelle. « Ces idées, dit le professeur Villari, furent accueillies avec transport dans toute la péninsule. Les cités provinciales rendirent hommage à Rome et à son tribun et presque tout le reste de l'Italie lui donna son adhésion avec enthousiasme. Et ce ne fut pas seulement la multitude qui parut entraînée : des hommes, comme Pétrarque, furent transportés de joie. Le poète exalta Cola di Rienzi comme un être sublime et surnaturel, comme le plus grand parmi les anciens et les modernes. Le 1er août, Rienzi chaussa les éperons de chevalier et publia un décret portant que Rome reprenait son ancien droit de juridiction sur le monde, plaçant l'Italie sous l'invocation du Saint-Esprit et octroyant le titre de citoyen romain aux habitants de toutes ses cités.

« C'était un singulier mélange des idées de l'ancienne Rome avec celles du moyen âge. C'était le rêve de Rienzi ; mais c'était aussi le rêve de Dante et de Pétrarque. La conception de l'empire et l'histoire de l'Italie préparaient les voies à l'idée nationale. C'est ce que sut prévoir Rienzi, et cela constitue la vraie grandeur de son caractère, autrement non exempt de faiblesse et d'imperfections (1). »

L'éclatante victoire remportée par le tribun sur les Colonna, et le reste des nobles, ajouterai-je, ruina pour toujours leur parti. Jamais, depuis ce jour, l'aristocratie ne parvint à rétablir son influence à Rome. Voilà un résultat définitif et permanent à porter encore à l'actif de Rienzi, et suffisant pour justifier sa place parmi les bienfaiteurs du peuple et les amis de l'huma-

---

(1) Prof. Villari, Art. « Rome », in *Enc. Brit.*, t. XX, 1886.

nité : génie incomplet, mais incontestable, dont on peut déplorer les imperfections sans avoir le droit de les rapporter à la folie.

Le seul César, comme épileptique, est donc à réserver dans la série des chefs de peuples.

b. Réformateurs et fanatiques religieux. — J'en retiens cinq, seulement :

Saint Paul, MAHOMET, LUTHER, Calvin, JEANNE D'ARC.

Je ne vois que ceux-là qui puissent figurer — non parmi les Héros de l'Humanité, du cercle desquels ils demeurent à jamais exclus, à part Jeanne d'Arc, — mais au nombre des génies puissants, des têtes fortement organisées qui, par leur volonté, ont modifié la face du monde. Cela n'entame en rien la doctrine inéluctable du *fatum;* mais la volonté, quoique déterminée, joue son rôle aussi dans le cours circulaire des choses. En admettant tous ces gens-là — qui ne figurent pas sur mon calendrier — je gâte ma statistique, je le répète ; mais il n'y avait pas à se dérober.

Saint Paul et Mahomet ont déchaîné sur le monde le fléau du Sémitisme, en instituant les religions chrétienne et musulmane, ces deux filles de la juive, comme dit Voltaire. Furent-ils l'un et l'autre épileptiques, ou, tout au moins, visionnaires, hallucinés? Pour Mahomet, le doute n'est guère possible. Quant à saint Paul, la chose est moins claire.

« Il était petit de taille, dit M. Lombroso, trapu, avec une tête petite et chauve, le visage hâve, le nez aquilin : maladif à cause d'une certaine infirmité qu'il appelle la sécheresse de sa chair et qui était certainement une grave névrose ; il avait une anaphrodisie complète dont il se vante souvent » (p. 504).

Mais d'abord, où l'auteur a-t-il pris ce signalement ?

Il nous cite Renan ; il devrait savoir que cet incomparable historien de la grandeur romaine dans les deux premiers siècles de notre ère, ne doit être consulté qu'avec la plus grande circonspection quand il s'agit des fondateurs du christianisme. Sa *Vie de Jésus* est un pur roman qui nous vaut, pour le dire en passant, toutes les saintes et écœurantes palinodies dramatiques et plastiques de l'heure présente. Il en sait autant sur le nez et la barbe de Paul que sur sa politesse « qui était extrême (quand il le voulait) » et sur ses manières « qui étaient exquises » (1). Quant à ce que le traducteur de l'*Homme de génie* appelle la « sécheresse de sa chair » (de Paul), ce pourrait être un indice plus sérieux, puisque c'est l'apôtre lui-même qui étale cette infirmité ; de même pour les visions.

Mais, pourquoi vouloir que cette soi-disant sécheresse, ou mieux cette épine dans la chair (2), soit certainement une grave névrose ? D'autres penchent pour une ophtalmie (3). C'était « apparemment, quelque infirmité... », dit Renan, qui, pour une fois, ne se lance dans aucune digression. Tenons-nous-en à cette vérité de La Palisse et laissons la « grave névrose » dont rien ne nous autorise à affirmer l'existence. Cette soi-disant névrose aurait trait d'ailleurs aux extases et hallucinations de Paul ; et peut-on supposer qu'il ait dénoncé, comme une épreuve, comme un soufflet de Satan, ces visions et ces ravissements dont il est précisément si fier ?

Ce n'est pas tout : en admettant même la réalité, l'existence objective de l'individu « saint Paul », reconnu comme l'auteur des quatre grandes épîtres, rien absolument, dans les faits de la cause, ne permet d'affir-

---

(1) Renan. *Les Apôtres*, p. 169. Paris, 1866.
(2) Σκόλοψ, quelque chose de pointu, II. *Corinth.*, XII. 7.
(3) Cf. Nyegaard. *L'Écharde de saint Paul.* Dôle, 1892.

mer la réalité de ses hallucinations. Paul n'a pas connu
le Christ ; il a entrepris — car c'est lui et non Jésus
— de faire du judaïsme élargi la religion universelle, en
l'affranchissant nécessairement des petites pratiques
de la Loi, et surtout, de la circoncision, obstacle insur-
montable. Il se sert, pour frapper les esprits, de la
mort et de la résurrection du Galiléen. Et comme il lui
faut vaincre la concurrence des « vieux obstinés » de
Jérusalem, comme les appelle Renan, de ces colonnes
du Temple, Jacques, frère du Seigneur, Pierre et les
autres authentiques disciples, il leur ferme la bouche
avec ses visions. Sans doute, il n'a pas vécu avec le
Christ ; mais il l'a vu, il lui a parlé ; bien mieux ! le
Maitre s'est dérangé pour lui tout seul et ainsi ce n'est
pas des hommes, c'est du Ciel même qu'il tient, lui
aussi, sa commission (1). Et que ces « archiapôtres (2) »
le laissent tranquille ! A Pierre, l'évangile de la circoncision, à lui celui du prépuce. Ils l'ont contraint, ces
vieux malheureux, à faire circoncire son ami Titus, mais
en voilà assez ; qu'ils s'arrangent, et si la circoncision ne
leur suffit pas, « qu'ils se châtrent ! » (3).

Ainsi, pour admettre les visions, les hallucinations de
saint Paul, nous devons nous reposer sur son seul
témoignage ; et ce témoignage est trop intéressé, comme
on vient de le voir, pour qu'en l'absence d'autres preuves,
on puisse en tenir compte.

Bien mieux ! Voici maintenant M. R. Steck qui nie
l'authenticité des quatres grandes épîtres. Mais alors
il n'y a plus ni Paul ni visions, il n'y a plus rien ! Ce
n'est pas le moment de discuter la valeur d'une pareille

(1) Voyez surtout *Galat.* I. 1. s. q. et II Cor., IX. 1. Cf. Renan. *Les Apôtres*, p. 186.
(2) II. *Corint.*, XI. 5.
(3) *Galat.* V. 12. ἀποκόψονται, comme qui dirait : « qu'on les
leur coupe ! » C'est le sens exact, dans sa vulgarité voulue. Cf.
Havet. *Le Christianisme et ses origines*, t. IV, p. 157. Paris, 1884.

assertion ; je ferai seulement remarquer que M. Rudolf Steck n'est nullement un athée, un libre penseur, qu'on pourrait accuser de partialité ; c'est un professeur de théologie à l'Université de Berne. Naturellement les orthodoxes lui ont répondu ; mais la question reste pendante et la réalité objective de l'individu Paul, comme auteur des quatres grandes épitres, est actuellement trop problématique pour qu'au point de vue biologique pur, il y ait lieu de s'en occuper davantage.

Pour Luther, par contre, l'état psychique morbide ne semble pas contestable, et, avec Jeanne d'Arc dont il a été question plus haut nous arrivons au chiffre de trois malades sur cinq réformateurs et fanatiques religieux.

VI

C. — Hommes de génie dans le domaine de l'Esthétique (1).

Hésiode, Pindare, Tyrtée, Alcée, *Sappho*, Anacréon, Longus, Théocrite, *Lucrèce*, Catulle, Virgile, Ovile, Horace, Tibulle, Perse, Juvénal, Pline le Jeune, Héloïse, *Dante*, Boccace, Pétrarque. Chaucer, l'Arioste, le Tasse, Froissart, *Villon*, Ronsard, *Cervantes*, Camoëns, *Milton*, Bossuet, Mme de Sévigné, La Fontaine, Lesage, Addison, *Swift*, De Foë, l'abbé Prévost, Lessing, J.-J. Rousseau, Fielding, Richardson, Sterne, Mirabeau, Chateaubriand, Mme de Staël, *Gœthe*, Schiller, J.-P. Richter, Burns, *Shelley*, *Byron*, *Walter Scott*, Poushkine, Henri Heine, Balzac, Dickens, *V. Hugo*.

Eschyle, Sophocle, Euripide, Aristophane, Plaute, Térence, *Marlowe*, *Shakespeare*, Ford, Ben Johnson, Lope de Vega, Calderon, Corneille, *Molière*, Racine, Regnard, Beaumarchais, Alfieri.

---

(1) Ni les Homérides ni les chantres védiques, séries de personnalités indéterminées, ne peuvent prendre place ici. Quant à l'ordre de ces noms, comme à celui des précédents, il n'a rien de rigoureusement chronologique.

Palestrina, Orlando de Lassus, Peri, Monteverde, A. Scarlatti, Lulli, *Rameau, Haendel,* Bach, *Pergolese, Haydn, Gluck,* Sacchini, *Mozart,* Cimarosa, Grétry, Méhul, Spontini, *Beethoven,* Weber, Schubert, Rossini, Mendelsohn, Schumann, Chopin, Berlioz, *Wagner.*

Phidias, Polyclète, Scopas, Praxitèle, Polygnote, Zeuxis, Appelle, Giotto, Van Eyck, Memling, Erwin de Steinbach, Ghiberti, Ghirlandajo, Fra Angelico, Mantegna, le Pérugin, Léonard de Vinci, *Raphaël,* Bramante, *Michel-Ange,* le Corrège, Giorgione, le Titien, André del Sarte, Holbein, L. Cranach, Albert Dürer, Benvenuto Cellini, Pierre Lescot, Jean Goujon, Bernard Palissy, Paul Véronèse, Le Tintoret, Salvator Rosa, Quentin Metsys, Jordaens, D. Teniers, Rembrandt, Steen, Paul Potter, Ruysdael, Hobbema, Rubens, Van Dyck, Vélasquez, Murillo, Annibal Carrache, Le Poussin, Lesueur, Hogarth, Claude Lorrain, Puget, Watteau, Boucher, Fragonard, Chardin, Greuze, Houdon, Reynolds, Gainsborough, David, Prudhon, Géricault, Canova, Thorwaldsen, Decamps, Delacroix, Rude.

Sur ces 171 grands hommes appartenant à la section du génie dans l'art, 30 sont stigmatisés par M. Lombroso comme entachés d'une tare quelconque.

Mais j'éliminerai d'abord Cervantes (p. 37), B. Cellini, Rameau, signalés comme atteints de « vagabondage ». Les individus anormaux, atypiques, non faits pour l'état de société, ai-je dit ailleurs, se divisent en trois catégories : ceux qui tuent, ceux qui volent, ceux qui, sans tuer ni voler, veulent vivre sans rien faire ; les meurtriers, les voleurs et les oisifs (mendiants et vagabonds). Le vagabondage constitue donc bien une tare, mais en tant qu'il apparaît comme la manifestation caractéristique de la fainéantise (1). Qu'un Cervantes ou un Byron aient couru le monde, cela ne saurait permettre, en aucune façon, de les assimiler aux malheureux

_____

(1) Cf. A. Regnard. *De la suppression des délits de vagabondage et de mendicité,* pp. 34, 59. Paris, Larose, 1898.

véritablement tarés, qui parcourent leur pays d'un bout
à l'autre, parce qu'ils aiment mieux mendier en mar-
chant que vivre en travaillant. Mais M. Lombroso
nous en a fait voir bien d'autres, et nous ne sommes
pas au bout! C'est ainsi qu'il faut encore écarter
Léonard de Vinci, célibataire, et qui, parfois, esquissait
de la main gauche (p. 26); de même Shakespeare,
flétri comme n'ayant pas eu de postérité, bien qu'il ait
engendré au moins trois enfants, et que sa petite-fille
Elisabeth ait vécu jusqu'en 1670. J'ajoute que le fait
de n'avoir pas de postérité peut tenir à des causes
extrêmement variées; sans compter qu'en raison de
l'influence inéluctable du conjoint, cette circonstance
est dépourvue de toute valeur, dans l'espèce.

A retrancher aussi, d'emblée, Victor Hugo, qui était
orgueilleux (1) (p. 77); Raphaël, Mozart et Goethe qui
furent précoces (p. 29). De fait, il faut en prendre son
parti et renoncer à plaisanter les enfants prodiges; ceux
qui trop souvent avortent, ne sont que de faux « petits
prodiges », dont on a inconsidérément surfait la valeur
et dont l'intelligence reste stationnaire — quand elle
ne s'atrophie pas, à partir de la puberté. D'une façon
générale, il est très juste de l'affirmer, le génie des
grands hommes s'esquisse dès leur enfance; les faits
cités ici par M. Lombroso sont aussi nombreux qu'incontestables.

Autre chose est la conséquence qu'il en prétend
tirer au profit de son argumentation, en affirmant
« qu'un autre caractère commun au génie et à la folie,
à la folie morale surtout, c'est la précocité ». On avait
cru jusqu'ici — qu'à part l'idiotie — la folie propre-

---

(1) Aussi Hogarth, « qui dut le grotesque de ses inspirations à
une taverne de Highgate où un ivrogne lui cassa le nez dans une
dispute »! (p. 42).

ment dite, extrêmement exceptionnelle chez l'enfant, était surtout une maladie de l'âge adulte ; il paraît qu'on s'était trompé. Tous les aliénistes persisteront pourtant à penser, je crois, que l'auteur de l'*Homme de génie*, dans l'intérêt de son paradoxe, avance ici avec la plus parfaite inconscience une contre-vérité de plus (1).

A propos de Mozart et de Gœthe, ajoutons que le premier, qui jouait si bien du piano, ne pouvait couper sa viande sans se blesser (p. 55)! et que le second vit un jour venir à lui sa propre image (p. 89). Disons, une fois pour toutes, que ces soi-disant hallucinations, surtout quand elles sont uniques, comme dans le cas présent, ne peuvent absolument pas entrer en ligne de compte. Cela se résout souvent dans une simple erreur d'appréciation, comme dans l'aventure de Walter Scott qui, venant d'apprendre la mort de Byron, crut voir, tout à coup devant lui, l'image de son ami ; en s'approchant, « il reconnut que cette vision était due à un certain agencement (2) d'une draperie étendue sur un écran ». Dans le cas de Benvenuto Cellini, l'hallucination paraît plutôt comme un rêve amplifié par l'imagination de l'artiste.

Shelley (3), l'un des trois plus grands poètes de l'Angleterre — les deux autres étant Shakespeare et Mil-

---

(1) Dans ses deux remarquables études sur *La Folie chez les enfants* (1888) et l'*Homicide commis par les enfants* (1882), M. Paul Moreau (de Tours) n'a jamais prétendu, comme paraît le lui faire dire M. Lombroso, que la folie proprement dite était d'une extrême fréquence chez les enfants. Il s'est contenté de faire remarquer qu'elle se manifestait (surtout sous la forme de folie morale ou criminelle) chez les très jeunes sujets, plus souvent qu'on ne l'avait pensé jusqu'ici.

(2) Moreau, *loc. cit.*, p. 541.

(3) Percy Bysshe Shelley, né le 4 août 1792, à *Field place*, résidence de sa famille, près de Horsham, dans le comté de Sussex. Dans la prochaine édition de la *Psychologie morbide*, l'œuvre

ton — fut sujet à des accès de somnambulisme. A l'âge
de dix ans, on le mit en pension à Brentford, à l'école
de Sion-House, où il rencontra un de ses cousins, Medwin, qui nous a transmis sur la jeunesse du poète des
renseignements pleins d'intérêt.

Nous ne couchions pas dans le même dortoir, dit-il, mais je
n'oublierai jamais l'apparition de Shelley dans ma chambre,
une nuit, par un beau clair de lune. Il était en état de somnambulisme. Il avait les yeux ouverts et marchait à pas lents, se
dirigeant vers la fenêtre. Je m'élançai vers lui, et l'ayant pris
dans mes bras, je l'éveillai : je ne savais pas alors qu'il y eût
danger à tirer brusquement un somnambule de son sommeil. Il
était extrêmement agité, et, après l'avoir reconduit à son lit, je
m'assis à son chevet pendant quelque temps et pus observer
les violents effets de la surexcitation nerveuse produite par le
brusque choc. Mais il lui arrivait souvent de rêver tout éveillé,
en proie à une sorte de léthargie, et comme absent; et, lorsque
l'*accès* (*sic*) était passé, ses yeux devenaient brillants, ses lèvres
tremblaient, sa voix était brisée par l'émotion : il semblait
livré à une sorte d'extase et parlait plutôt comme un esprit ou
comme un ange que comme un être humain (1).

On sait qu'il périt en mer, à vingt-neuf ans. Peu de
temps avant, il avait eu une hallucination.

Comme nous nous promenions sur le bord de la mer, après
avoir pris le thé, raconte Williams, il me saisit violemment par
le bras. Je lui demandai ce qu'il avait : — Le voici ! le voici
encore ! s'écria-t-il pour toute réponse. Puis il se remit un peu
et me déclara qu'il avait vu, aussi distinctement qu'il me voyait

---

capitale de Moreau (de Tours), il faudra faire disparaître à la
page 539 les deux alinéas suivants :
Shelley était sujet à des visions de démons.
Percy Bissho croyait à la réalité des apparitions. Un jour, il
crut voir son fils récemment décédé, etc.
(1) Thomas Medwin, *The Lif of P.-B. Shelley*. London, 1847,
2 vol. in-8°, t. II, pp. 33-34. Shelley eut une autre attaque vers
l'âge de vingt ans. Le même Medwin le trouva un jour, à cinq
heures du matin, endormi *sub Jove* dans un coin de Leicester
square, sans que le poète pût se rendre compte de la façon dont il
était venu.

un enfant nu sortir de la mer et lui sourire en battant des mains. Il fallut recourir au raisonnement et à la philosophie pour le ramener tout à fait à lui, tant la vision l'avait impressionné (1).

Mais ce poète exquis était en même temps un philosophe, affranchi de toute conception métaphysique et religieuse. Il put se ressaisir et, de fait, ces phénomènes morbides passagers paraissent uniquement comme l'effet d'une excitation cérébrale extrême, loin qu'on puisse y reconnaitre en aucune façon les caractères de la folie (2).

J'en demande bien pardon ; mais il faut rayer également de la liste Haydn, qui, en composant la *Création*, aurait récité des *Ave Maria* pour s'inspirer. C'est une niaiserie assurément, en rapport avec l'éducation du célèbre compositeur, mais qui, ainsi isolée, ne saurait constituer une tare. J'en dirai autant de Rossini, qui « avait horreur des chemins de fer » et se laissait aller assez souvent « à composer dans son lit ». De même, pour l'Arioste, incriminé simplement parce qu'après avoir reçu le laurier des mains de Charles-Quint, il aurait couru comme un fou à travers les rues (p. 79).

Quant à Milton, où M. Lombroso a-t-il pris qu'il était hydrocéphale, ainsi que Gibbon, Linné, etc. ? Et comment un sujet atteint d'hydrocéphalie, c'est-à-dire ayant le cerveau comprimé, aplati par la sérosité distendant les ventricules, comment un pareil sujet pourrait-il apparaître comme un génie ou même comme un simple talent ? Par cette qualification d'hydrocéphale, l'auteur a certai-

(1) Journal de Williams, cité par lady Shelley, in *Shelley Memorials* (1859), p. 192. Il s'agissait de la petite Allegra, fille de lord Byron, morte récemment.
(2) Cf. A. Regnard. *Un poète révolutionnaire, P.-B. Shelley*, dans la Revue *La Jeune France* (mai à août 1881). On connaît le vers grec inscrit par l'auteur du *Prometheus unbound*, sur le registre de la Chartreuse de Montanvers, en Suisse :

Εἰμὶ φιλάνθρωπος, δημοκρατικός τ'ἄθεὸς τε,

profession de foi qu'il n'a jamais démentie.

nement voulu dire de Milton qu'il avait une tête énorme, disproportionnée, comme il peut arriver chez les rachitiques. Or non seulement le terme est singulièrement impropre, mais le fait n'est pas exact. Milton était, à dix ans, un des plus jolis enfants qui se puissent voir, et, arrivé à l'âge d'homme, un très beau garçon : ce qui ne se concilie guère avec une tête disproportionnée (1).

Beethoven est signalé comme célibataire, précoce (p. 31), distrait (p. 56), descendant de musiciens et d'ivrognes (p. 213).

Laissons de côté l'hérédité musicale, sur laquelle nous reviendrons, et parlons seulement de l'ivrognerie. Il est certain que la grand'mère de Beethoven buvait « comme un trou » (2) et que le père de l'illustre compositeur fut un grand ivrogne ; mais cela n'alla pas jusqu'à la folie alcoolique, et ce qui prouve bien que la tare n'y était pas encore, c'est que Beethoven lui-même, — quoi qu'on en ait dit sans preuves — ne s'adonna jamais à la boisson. Victor Wilder a certainement exagéré dans le sens contraire en affirmant que ses breuvages favoris étaient l'eau pure et le café ; de fait, « il n'en aimait pas moins à se délasser le soir en faisant un tour au cabaret » où il se délectait « en vidant un verre de bière et en fumant une bonne pipe » (3). Quoi qu'il en soit, d'après la théorie Lombrosienne, Beethoven aurait dû son génie au fait d'avoir eu deux ivrognes parmi ses ascendants ; pour moi, il en fut redevable plutôt à cette circonstance qu'il apparut comme le terme ultime d'une série de musiciens de talent.

---

(1) Voyez les deux portraits du temps, reproduits dans l'ouvrage du professeur Masson, qui fait autorité sur la matière : *The life of John Milton*, 3 vol. in-8°. Nouvelle édit., 1881, t. I, p. 66. À cause de sa jolie figure, ses camarades d'école l'appelaient *the lady, the young lady* (la demoiselle).

(2) Wilder. *Beethoven*, p. 13. Paris, 1885.

(3) Le même V. Wilder, *loc. cit.*, p. 209.

Je ne saurais, ici, laisser échapper l'occasion de servir au lecteur la délicieuse formule suivante : « C'est ce qui explique comment *les maîtres musiciens abondent parmi les génies aliénés* : Mozart, Lattre, Schumann, Beethoven, Donizetti, Pergolèse, Fenicia, Ricci, Rocchi, Rousseau, Haendel, Dussek, Hoffmann, Gluck, Petrella ; car la création musicale est la plus subjective, la plus liée aux sensations affectives » (1), etc.

Au diable Fenicia, Petrella, Lattre, Dussek, Ricci et Rocchi et même Hoffmann avec Donizetti ! Que si l'on veut tenir l'auteur des *Contes fantastiques*, pour un génie, ce n'est certainement pas au point de vue musical et quant à Donizetti, j'estime que la banalité de ses inspirations l'eût laissé depuis longtemps tomber dans le plus complet oubli, si sa musique n'avait été relevée et soutenue par le caractère vraiment touchant, encore qu'un peu vulgaire, de ses deux soi-disant chefs-d'œuvre, la *Favorite* et *Lucie*. De même Rousseau, s'il n'avait composé que le *Devin du village*, n'aurait point passé à la postérité.

Gluck, il est vrai, est stigmatisé comme buveur, ainsi que Marlowe. Il est malheureusement trop certain que l'auteur du *Jew of Malta*, l'immortel et nécessaire précurseur de Shakespeare, périt à vingt-neuf ans, dans une querelle de taverne. Mais il faut être venu à l'époque où nous sommes, d'imbécile et bourgeoise tartufferie, pour voir un homme stigmatisé uniquement parce qu'il a mis le pied dans un cabaret.

Quant à Gluck, s'il est vrai qu'avec Horace et tous les honnêtes gens, il a su apprécier à son heure un verre de bon vin, je rends grâce à la bienfaisante liqueur, funeste aux seuls dégénérés, qui a pu contribuer à l'éclosion de ces purs et éternels chefs-d'œuvre, —

(1) Lombroso, *loc. cit.*, p. 342.

Orphée, *Alceste* et *Armide*. M. Lombroso affirme
« qu'en dehors du vin, Gluck aimait aussi l'eau-de-vie,
et qu'un jour il en but tant qu'il en mourut » (p. 87).
Or, voici, en réalité, comment les choses se passèrent.
L'illustre musicien avait eu, en 1779, une première
attaque d'apoplexie, après la production d'*Echo et Nar-
cisse* ; c'est alors qu'il confia à Salieri le poème des
Danaïdes, sur lequel il travaillait et se retira à Vienne
où il mena pendant quelques années une vie tranquille et
heureuse. En 1784, nouvelle attaque à la suite de laquelle
il perdit comme la première fois l'usage du bras et de la
jambe gauches. Trois ans après, le 15 novembre 1787,
comme il hébergeait deux amis venus de Paris, on
servit, après le déjeuner, le café et les liqueurs ; Mme Gluck
s'étant absentée un moment, ses convives le pressèrent
de prendre un petit verre de liqueur. Gluck, auquel on
en avait défendu l'usage, finit par en avaler un en
priant ses hôtes de ne pas le dire à sa femme. Environ
une demi-heure après, une troisième attaque d'apoplexie se déclara et détermina sa mort (1).

Ainsi, cette immense quantité d'eau-de-vie se réduit
à un petit verre de liqueur et, de fait, Gluck meurt
d'une troisième attaque dans laquelle ce malheureux
verre n'était probablement pour rien. Et voilà — toujours — comme M. Lombroso écrit l'histoire.

Haendel est signalé comme célibataire, précoce, buveur (p. 87) et épileptique (p. 68 et 486). Ces deux
dernières accusations paraissent fondées sur le passage
suivant du « Père Fétis » : « Deux grands défauts
ternissaient l'éclat qui rejaillissait sur lui des productions de son génie. Le premier était une violence de
caractère, un emportement qui ne connaissait point de

---

(1) *Encyclop. de Ersch. und Grüber*, 1re section, t. LXIX-
LXX, p. 251, art. Gluck, par Heinrich Döring.

bornes ; le second, une intempérance qui le faisait souvent s'abandonner aux excès les plus condamnables. Dans les excès de sa colère, il était capable de se porter aux dernières extrémités. C'est ainsi que, dans un mouvement de fureur contre la cantatrice Cuzzoni qui refusait de chanter l'air « *Falsa imagine* » de son opéra d'*Othon*, il la prit dans ses bras et la menaça de la jeter par la fenêtre » (1).

Qu'un spectateur de cette scène ait pu s'écrier : c'est de l'épilepsie! passe encore. Mais ce n'eût été qu'une façon de parler et, assurément, un médecin, un aliéniste n'eussent jamais porté, à ce propos, un tel diagnostic. Quant à ce qui regarde l'intempérance, elle ne paraît pas avoir beaucoup gêné le fécond musicien, qui ne composa pas moins de cent opéras et oratorios, dont plusieurs sont des chefs-d'œuvre. Certains objecteront que s'il n'eût pas été buveur, il en aurait composé deux cents ; de même aussi qu'il aurait pu vivre un siècle au lieu de soixante-quinze ans, etc., etc. Un détail que M. Lombroso paraît ignorer, c'est que le célèbre compositeur eut en 1737 une attaque d'apoplexie, — ce qui ne l'empêcha pas de donner ultérieurement le *Messie,* son chef-d'œuvre. Je reviendrai plus loin sur ce fait intéressant.

Il me faut présentement examiner le cas de trois autres célèbres « épileptiques », Dante, Pétrarque et Molière.

Tout le monde a lu dans l'*Inferno* l'épisode de Françoise de Rimini et connaît le vers (2) qui le termine :

E caddi, como corpo morto cade.

C'est-à-dire :

Et je tombai comme un cadavre tombe.

---

(1) Fétis. *Biographie universelle des musiciens,* t. IV, p. 186, Paris, 1862.
(2) Dante. *L'Inferno,* cant. c. 142.

Eh! bien, il n'en faut pas davantage à notre auteur pour diagnostiquer l'épilepsie. Comment donc! voilà un homme, un poète qui s'imagine entraîné dans la « chambre des horreurs » infernales. Au sein d'un air empesté, il tombe dans un vol d'âmes en peine, misérables victimes de l'amour, que le Dieu juif des chrétiens condamne à d'éternels tourments. « Si le Dieu de l'Univers était notre ami, crie Françoise au poète, nous le prierions pour toi, qui a eu pitié de nous! » En quelques vers impérissables, elle lui conte la pitoyable histoire. « Et tandis qu'un des esprits parlait, l'autre pleurait si fort que, de pitié, il me sembla mourir », ajoute le poète,

E caddi, come corpo morto cade

Vous croyez avec moi que le Dante a voulu, par cet évanouissement, marquer l'effet le plus terrible produit par la plus poignante émotion (1). Point! ce passage et deux ou trois autres analogues prouvent inévitablement que l'auteur a dû ressentir, objectivement, les effets qu'il décrit si bien. S'agit-il en effet, d'épilepsie ou d'hystérie? On veut bien reconnaître qu'il y a quelque péril à se prononcer : « *Ma fa inclinare per l'epilessia, l'erotismo di cui egli stesso s'accusa nel poema e l'irascibilita fiera di cui la leggenda ha raccolte tante prove!* » (2) Et voilà! La fureur érotique du poète, sa hauteur, son irascibilité font pencher pour l'épilepsie. Ce qu'il y a de remarquable, c'est qu'à la page 554 de

---

(1) Voyez l'intéressante étude du Dr Auerbach : *Ueber Lombroso's Auffassung des Genius*, p. 9 sq., Berlin, 1895.
(2) Lombroso. Le nervosi in Dante e Michel-Angelo in *Archivio di Psychiatria*, 1894, p. 126 sq. Les autres passages indiqués dans la *Divine comédie*, sont: Inferno III, vers 139; V, 139 et VI, 1. — Purgatorio, XV, 120; XXVII, 91; XXX, 88. — Paradiso, XX, 140.
Cf. M. Durand-Fardel. Dante Alighieri, in *Nouvelle Revue* du 15 juin 1893.

son livre, M. Lombroso insiste sur ces « indices d'accès d'épilepsie » chez le même Dante, signalé à la page 553 parmi les quelques hommes de génie « qui achevèrent avec sérénité leur carrière intellectuelle et que la folie n'a jamais égarés ».

Quant à Pétrarque, accusé aussi d'épilepsie, on ne sait vraiment à quoi se prendre pour réfuter une assertion dont la preuve n'est nulle part alléguée. Il faut se contenter de cette formule donnée deux fois (p. 68 et 486) : « On sait que Jules César, Dostoiewsky, Pétrarque, Molière, Flaubert, Charles V, Saint-Paul, Haendel, ont tous été sujets à des accès d'épilepsie ». Un point, c'est tout.

Et que voulez-vous que fasse un critique, désireux de vérifier cette allégation ? Je ne pouvais pourtant pas lire toutes les vies de Pétrarque, ni tout Pétrarque, ni même toutes ses lettres. J'ai dû me contenter de Tiraboschi (1) de J.-A. Symonds (2), et de la consciencieuse étude de A. Bartoli (3), dans le septième volume de son histoire de la littérature italienne : le tout complété par la lecture de quelques-unes des plus importantes épîtres « *de rebus familiaribus* », et de l'article « Pétrarque » dans l'incomparable encyclopédie de Ersch et Grüber.

Voici ce qu'on lit sur la mort de l'auteur des sonnets, dans ce dernier travail, si admirablement documenté : « On ne sait rien de précis sur la date et les circonstances de sa mort, non plus que sur la nature de la maladie qui l'occasionna. On le fait mourir tantôt le 18, tantôt le 19 ou le 20 juillet ; les uns parlent d'apo-

---

(1) Tiraboschi. *Storia della Letteratura Italiana*, t. V, part. II. Lib. III. Milano, 1823.

(2) J.-A. Symonds, in *Enc. Brit.*, t. XVIII. London, 1885. *Sub voce* Petrarca.

(3) A. Bertoli. *Storia della Letteratura Italiana*, t. VII. Firenze, 1884.

plexie, les autres d'épilepsie ; certains disent qu'il rendit l'âme sans qu'on s'en doutât, assis sur son fauteuil ; d'autres qu'il expira dans les bras de son ami Lombardo da Serico. D. Aretinus, qui l'avait vu quelques jours avant, dit seulement qu'il mourut d'apoplexie... De Sades cite une lettre d'un contemporain, G. Manzini, qui rapporte que ses gens avaient trouvé Pétrarque paraissant endormi sur un livre ; comme on l'avait vu souvent dans une attitude semblable, sa mort avait passé inaperçue. Cela expliquerait comment on n'a jamais été sûr, nonseulement de l'heure, mais du jour de sa mort. On n'en sait pas davantage sur la nature de la maladie à laquelle il succomba (1). » Restons sur cette dernière phrase, résumé nécessaire de ce qu'on vient de lire. On ne peut pas plus se fonder sur de pareilles données pour affirmer l'épilepsie, que sur la lettre dans laquelle Pétrarque, retiré dans le village d'Arqua, se plaint d'accès de fièvre et de pertes de connaissance (2).

Ce qui paraît hors de doute, en revanche, c'est que ce grand homme, précurseur de la Renaissance, fut, toute sa vie, un homme tourmenté, « gehenné », sans caractère ni décision, menant de front l'amour platonique et l'amour pratique, chantant à pleins poumons cette Laure à laquelle son mari faisait onze enfants, et en faisant deux, lui-même, à une femme inconnue qu'il n'a pas chantée du tout (3). Il s'en allait répétant que tout est difficile ; de son propre aveu, le plus souvent il ne savait pas ce qu'il voulait, *quod vellem nequeo, quod*

---

(1) *Encycl. de Ersch et Grüber*, 111e section, t. XIX, XX, p. 242 (note).
(2) *Senil*, XIII, 7 (en 1370). Pétrarque mourut en 1374, âgé de soixante-dix ans et non de quatre-vingt-dix, comme le dit M. Lombroso (p. 98).
(3) Le fils de Pétrarque naquit en 1337, sa fille en 1343. Le garçon, que l'abbé de Sades a voulu, sans preuve, représenter comme un voleur, mourut en 1361. Il est consolant de savoir que

possem nolo (1). Il ne se trouvait bien nulle part, *pars mundi mihi nulla placet* (2); comme Pascal, il était continuellement tiraillé entre le Monde et la Foi. Et, chose remarquable, dans cette lutte, c'est l'homme du XIVe siècle qui résiste, c'est le contemporain de Bossuet qui succombe. Il est vrai que le protestantisme n'était pas venu raviver le flambeau à demi éteint du judéo-christianisme ; mais surtout, tandis que le pauvre Pascal s'embourbait dans le jansénisme et la casuistique, Pétrarque se retrempait au sein de cette antiquité aryenne, source de toute Force comme de toute Beauté, dont certains critiques malintentionnés voudraient sevrer la démocratie, sous un imbécile prétexte d'utilitarisme bourgeois.

Notre grand Molière est également atteint et convaincu d'épilepsie (p. 68 et 486), uniquement d'après ce passage de Moreau (de Tours), où il est dit de l'auteur de *Don Juan* : « A souffert de convulsions. Le moindre retard, le moindre dérangement *le faisait entrer en convulsion*, et l'empêchait de travailler pendant quinze jours » (3). Cela, d'après Grimarest, dont on ne donne pas le texte. Le voici : « Si Chapelle était incommode à ses amis par son indifférence, Molière ne l'était pas moins dans son domestique par son exactitude et par son arrangement. Il n'y avait personne, quelque attention qu'il eût, qui y pût répondre : une fenêtre ouverte ou fermée un moment devant ou après le temps qu'il l'avait ordonné, mettait Molière en convulsion... Si on

le pape Clément VII, par un bref spécial, légitima ou du moins déclara propre à recevoir les ordres, malgré la « tare » de sa naissance « *Giovanni di Petrarca, scolare Fiorentino nato de soluto et soluta* ». Tiraboschi, *loc. cit.*, p. 780. Cf. J.-A. Symonds, *loc. cit.*

(1) Petrarca. *De reb. famil.*, XVI, 11.

(2) *Ibid.*, XV, 8. Certaines gens, à ce propos, parleront de folie du doute et d'aboulie, qualifications bien déplacées pour des faits d'ordre aussi simple et aussi commun.

(3) Moreau, *loc. cit.*, p. 355.

lui avait dérangé un livre, c'en était assez pour qu'il ne travaillât de quinze jours » (1). Il faut vraiment de la bonne volonté pour conclure de ce passage à l'existence de l'épilepsie. Le mot « convulsion » dans le langage ordinaire, non technique, n'a nullement le sens qu'on essaye de lui attribuer ici ; c'est comme si l'on voulait encore voir de l'épilepsie dans la « convulsion » qui le prit, lors de la crise finale, au moment où, dans la cérémonie du *Malade imaginaire*, il prononçait le mot *juro* « et qu'il essaya de dissimuler par un rire forcé » (2). De même pour les spasmes, pour les accès de toux et de dyspnée, effet de la maladie de poitrine qui le minait et à laquelle l'immortel écrivain et le trop sensible époux d'Armande Bejart finit par succomber (3).

J'arrive à la partie la plus pénible de ma tâche, aux accusations formulées par M. Lombroso contre Michel-Ange et Byron. Je n'insiste pas sur Sappho, le plus grand poète lyrique de tous les temps, dont l'ode impérissable, encore que mutilée, suffit à nous faire ratifier le jugement de l'antiquité tout entière ; Sappho, la seule femme qui ait jamais attesté qu'au moins, sous le rapport du génie dans l'art, l'Eternel Féminin pouvait égaler tout le reste. Quand M. Lombroso, dans l'intérêt de sa thèse, vient ici nous parler de perversion sexuelle, il se met tout bonnement au niveau du père Duruy, lequel ayant à traiter de la poésie lyrique en Grèce, se voile la face au seul nom de l'auteur de l'ode à Anactoria (4). *Margaritam ante porcos.*

Mais voici qui est plus fort. Notre auteur ne va-t-il pas accuser Michel-Ange du genre d'attentat que les

(1) Grimarest. *La Vie de Molière*, p. 247. I^r , 1705.
(2) *Ibid.*, p. 287.
(3) Cf. Dr A.-M. Brown, *Molière, poète et comédien*, étudié au point de vue médical (trad. française, Bruxelles, 1877).
(4) V. Duruy. *Histoire des Grecs*, t. I, p. 626.

Sémites de Sodome voulaient commettre sur les « Mal-
leak » de Jahveh, c'est-à-dire, sur les anges du Seigneur ? Et cela, parce que dans ses lettres à un certain
Cavalieri, l'illustre sculpteur s'épanche en effusions
amoureuses, écrivant, par exemple, que si celui-ci venait
à l'oublier, lui, Michel-Ange, en mourrait de chagrin.
D'ailleurs, ajoute M. Lombroso — et ici il faut citer le
texte très précieux, « Questa transpariva gia nelle sue
opere, come che i suoi capolavori fossero tutti virili
(Mose, Lorenzo e Giuliano di Medici) » (1). Après celle-
là, il faut tirer l'échelle, surtout quand on pense au
vrai chef-d'œuvre, à ce cornu et foudroyant Moïse.

Quand même le grand artiste n'eût sculpté que les
jeunes Médicis et l'esclave du Louvre, — quel raisonnement ! (2)

---

(1) Lombroso. *Dante e Michel Angelo*, *loc. cit.*, p. 130. « Cela
se décèle déjà dans ses ouvrages, ses chefs-d'œuvre étant tous
des représentations mâles (Moïse, Laurent et Julien de Médicis). »
(2) Dans une toute récente publication (*Genio e degenerazione
nuovi studi e nuove battaglie* Palerme, 1898), M. Lombroso n'hésite pas à ranger Shakespeare parmi les génies soupçonnés de
omosessualità (p. 168). Une seule chose peut étonner, c'est qu'il
n'ait pas argué plutôt du premier groupe de sonnets (1 à 126),
qui, depuis longtemps, ont, en Angleterre, scandalisé les imbéciles. L'orthodoxe Halliwel-Philipps va jusqu'à les regarder comme
de simples jeux d'esprit, sans aucun caractère subjectif. La vérité
est que les sonnets en question adressés au jeune comte de Sou-
thampton, protecteur acharné de Shakespeare qui, sans lui, n'eût
peut être jamais pu sortir de l'embarras et de l'obscurité, — la
vérité est que ces sonnets, tout en manifestant les sentiments
d'une admiration et d'une amitié excessives, ne permettent de
tirer aucune conclusion contre la moralité de l'auteur du *Roi
Lear*.
Dans ce même volume, M. Lombroso signale, au nombre de ce
qu'il appelle « les nouveaux génies aliénés », l'immortel Beccaria,
accusé entre autres choses, d'aboulie et de mégalomanie. Je ne
sais pas si, en effet, l'auteur des *Délits et des Peines* avait quelque
embarras à se décider dans les circonstances ordinaires de la vie ;
j'observe seulement que, dans cette grave question de la criminalité, son intervention a été aussi nette que décisive. Et quant à
ce qui est de la mégalomanie, je ne puis en reconnaître les signes
dans le fait que Beccaria aurait estimé assez haut son œuvre et
son génie. On y voit aussi Alfieri, signalé dans l'*Homme de génie*

Mais ce n'est pas fini. « La criminalité chez les poètes
et les artistes, ajoute M. Lombroso, est malheureusement plus forte (que chez les philosophes). Trop souvent
ils sont dominés par leurs passions...Voilà pourquoi nous
devons compter parmi les criminels les Bonfidio, les
Arétin, les Cerera, les Brunetto Latini, les Franco et,
peut-être, Foscolo et Byron » (p. 91). Que les Bonfidio
et les Cerera s'en tirent comme ils pourront! Je n'ai à
m'occuper ici que des génies proprement dits, et par
conséquent, du seul Byron. Mais d'abord, que penser de
ce « peut-être »? Il semble qu'en cas de doute, le nom
de l'auteur de *Childe Harold* n'eût pas même dû être
prononcé. Puisqu'il l'a été, mieux vaut raconter les
faits et mettre à tous ces gens-là le nez dans leur
ordure.

Lord Byron eut le malheur d'épouser une de ces
femmes ignorantes et bornées qui apparaissent comme
la négation éclatante des qualités de leur sexe (1).
« Quand en aurez-vous fini, lui dit-elle un jour,
avec cette mauvaise habitude de faire des vers? »
Ce qui suffit à caractériser la situation. Cela n'empêcha pas la société bourgeoise de crie à l'abomination
quand l'ancienne Miss Milbanke jugea à propos de
quitter la maison conjugale, dont elle avait rendu le
séjour insupportable. Tout ce monde bigot et fanatique,
tous les « Pecksniffs », mâles et femelles — femelles
surtout — prirent parti pour la « malheureuse abandonnée » contre le «libertin». On racontait, entre autres

---

comme célibataire et impulsif, convaincu cette fois d'avoir souffert d'un « *vero accesso di epilessia* », commençant par des vomis-
sements de trente-six heures avec des convulsions et des secousses
terribles de la tête, etc. » (!) *Genio e degenerazione*, p. 75.

(1) Voyez mon étude sur Byron, dans le *Viestnik Evropi* (*Mes-
sager de l'Europe*) de Saint-Pétersbourg : *La Science et la Littérature dans l'Angleterre contemporaine*, lettre XV, p. 184 sq.,
juillet 1882.

choses, qu'au cours d'une scène épouvantable, faite par
Byron à sa femme, il avait jeté au feu une montre en or.
De fait, si le noble lord avait eu seulement une once de
sang criminel dans les veines, ce n'est pas la montre,
c'est la femme qu'il eût flanquée par la fenêtre.

Plus tard, malheureusement, l'horrible mégère qu'é-
tait miss Milbanke rencontra sa pareille dans la personne d'un bandit de lettres, de ceux qui déshonore-
raient éternellement la profession d'écrivain, si cette
profession pouvait être déshonorée. L'auteur de cette
fameuse *Case de l'oncle Tom*, que tant de gens
ont prise au sérieux, Mrs Harriet Beecher Stowe,
femme d'un clergyman, se vanta d'avoir reçu les
confidences de lady Byron, laquelle accusait tout
bonnement le poète d'inceste avec sa sœur Augusta
(Mrs Leigh). Remarquez que l'accusation se produisit
après la mort des deux conjoints, alors qu'il n'y avait
plus moyen d'aller « interviewer » l'accusatrice et que
l'accusé n'était plus là pour se défendre. Et lady Byron
avait raconté cela à Mrs Beecher Stowe dans l'intérêt
du « salut de l'âme de Byron » et Mrs Beecher — Oh !
mes frères et mes sœurs ! (*sic*) — dans le même intérêt
ainsi que dans celui de la vérité (1) ! Comme tout cela
est ignoble ! Oui certes, il y a un criminel dans cette
affaire ; c'est, bien plus que miss Milbanke, l'aboyeur
folliculaire qui, dans l'unique espoir d'un succès de
librairie, vu l'importance du scandale, n'hésita pas à

---

(1) Harriett Beecher Stowe, *Lady Byron vendicated.* London.
Sompson Low, 1870, p. 3 et *passim* (surtout pp. 159, 166, 223, 231).
« Un examen attentif de tout ce que nous connaissons de
M. Leigh — dit M. Leslie Stephen — des rapports entre le frère
et la sœur et surtout des rapports affectueux de lady Byron avec
Mrs Leigh à l'époque, tels que nous les ont révélés des lettres
publiées depuis, tout concourt à prouver la fausseté de cette
odieuse histoire. » (*Diction. of national Biography*, t. VIII. London, 1886.)

tenter de salir d'une souillure ineffaçable, et sans preuve
à l'appui, la mémoire d'un grand homme. (1)

S'il fallait s'en rapporter aux littérateurs qui, ayant
à écrire la vie d'un homme célèbre, lâchent la bride aux
plus excentriques fantaisies de leur imagination, on
devrait ranger d'emblée, parmi les justifiables de la
théorie du génie-folie, l'immortel auteur de *Gulliver*.
Un jour, celui-ci se laissa aller à une de ces boutades
humouristiques qui lui furent toujours si familières.
C'était à propos de la misère et surtout de la saleté où
croupissent les enfants irlandais ; la pièce commençait
ainsi : « Il m'a été assuré à Londres, par un très savant
Américain de ma connaissance, qu'un jeune enfant
bien portant et bien nourri, constitue à l'âge d'un an
un aliment délicieux » etc., etc. ; le reste dans le même
ton (2).

Qui le croirait ? Cette simple bouffonnerie a été représentée comme « le suprême effort du désespoir et du

---

(1) Dans son récent volume cité plus haut, M. Lombroso ne
fait plus aucune allusion à la criminalité de lord Byron. Il a
trouvé son affaire ailleurs, dans l'ouvrage d'un certain M. Jeaffreson (*The real Lord Byron*, London, 1883), auteur d'un « livre
sur le clergé », d'un « livre sur les médecins », et d'un « livre sur
les hommes de loi ». Ce Monsieur, tout en se donnant des airs
d'impartialité, s'est borné à rééditer les calomnies accumulées
autrefois par la pruderie anglicane sur la tête du noble Lord,
dans lequel il voit surtout « un maniaque inspiré », un « poseur
sublime », un « misérable débauché », un « séducteur de profession », etc. L'étonnant biographe trouve très bien qu'on ait détruit
les mémoires de Byron, destruction dans laquelle sa veuve eut la
plus grande part. « Qu'est-ce que le monde y a perdu ? dit-il
(t. II, p. 327). Rien ou peu de chose. » Et voilà, pour écrire la
vie d'un grand homme, un auteur bien compétent, qui ne comprend pas ce qu'il y a d'antihumain, de sacrilège dans un pareil
attentat ! M. Lombroso aurait pu être mis en garde par un article
de la *Quarterly Review* (numéro de juillet 1883), organe conservateur cependant et peu suspect de partialité envers Byron, qui
stigmatise comme une imposture la publication sur laquelle il a
étayé son diagnostic.
(2) « Proposition modeste pour empêcher que les enfants des
pauvres, en Irlande, soient une charge à leurs parents, etc. », 1729.

7

génie de l'auteur (1). » Taine y voit « une scène de cannibale », l'expression d'une âme ulcérée par le fiel de la plus noire misanthropie! C'est une des plus colossales erreurs à signaler dans les fastes de la critique; l'Angleterre en rit encore, bien que notre compatriote ait en partie suivi les appréciations de Thackeray, en les exagérant comme à plaisir. Par cet exemple, on peut juger du reste. Ajoutez que par suite de son existence relativement mouvementée et de son « ménage » irrégulier, au moins considéré comme tel, les plus pieuses calomnies s'abattirent sur le pauvre doyen de Saint-Patrick, représenté comme un dégoûtant misanthrope et un séducteur féroce.

On a voulu plus récemment le donner comme une sorte de Jean-Jacques, perpétuellement haineux et mécontent, ce qu'il n'était pas du tout. C'est ainsi qu'on en fait un misérable enfant, élevé par charité, recevant l'aumône d'un peu d'instruction. Le jeune Swift qui n'était pas riche, en effet, eut cependant le bonheur de posséder un excellent oncle en bonne situation de fortune et grâce auquel il put prendre ses grades à *Trinity College* (Dublin). Sa mère, parente de Sir William Temple, obtient du fameux homme d'État qu'il le prenne pour secrétaire; excellente aubaine à tous égards. Mais quoi! l'homme entiché d'une idée fixe ne recule devant aucune absurdité. Taine verse toutes les larmes de son corps sur le jeune secrétaire, « mangeant à la table des premiers domestiques et subissant les humiliations et les familiarités de la valetaille » (2). Quel valet cependant que celui qui était admis de temps en temps à la table d'un pareil maître,

(1) Taine. *Histoire de la Littérature anglaise*, t. IV, p. 75. Paris, 1866.
(2) *Ibid.*, p. 11.

et même dans l'intimité de Guillaume III, quand ce grand roi venait passer quelque temps au château de Sir William Temple (1).

Mais, non seulement ce « pauvre hère », cet écolier « bizarre et gauche », mène la vie de château en compagnie des grands de la terre, il est encore « l'enfant chéri des dames » ; comme Rousseau, en effet, avec cette différence que celui-ci, — un malade, véritablement, — se plaint toujours, tandis que Swift, sain de corps et d'esprit, se trouve parfaitement heureux. Je laisse de côté miss Waring, pour arriver de suite à cette Stella, que les âmes sensibles ont si sottement exaltée, aux dépens d'un homme qui valait assurément mieux qu'elle. C'était l'enfant d'une femme attachée à la maison de son patron. Swift lui donnait des leçons, et une fois de plus — car le cas est fréquent, — l'élève s'éprit de son professeur. Après avoir obtenu un bénéfice en Irlande, il l'emmena avec lui et ne s'en sépara plus.

Et comme si ce n'était pas assez de bonheur, il rencontrait quelques années après, à Londres, une jeune fille non moins charmante et encore plus éprise, miss Vanhomrigh, la Vanessa de ses poèmes. C'était en 1708 ; Swift avait quarante ans passés. Si l'on songe que cette nouvelle lune de miel dura quelques années, on reconnaîtra que le « doyen » fut tout de même un heureux mortel, quoi qu'en puissent dire Thackeray, Taine et Macaulay. Ce dernier le traite même de « ribald priest », ce qui ne saurait nous étonner de la part de ce doctrinaire, dont la réputation tend d'ailleurs à reprendre en Angleterre le niveau inférieur au-dessus duquel elle

---

(1) Tout le monde connaît, en Angleterre, l'histoire authentique des promenades du jeune Swift et du roi dans les allées du parc, promenades durant lesquelles ce dernier apprit à son jeune compagnon à couper et à manger les asperges à la manière hollandaise.

n'aurait jamais dû s'élever. Cet historien, si prodigieusement surfait chez nous, s'est toujours imposé la tâche d'insulter tous ceux dont la vie et les conceptions ne rentraient pas dans le monde étroit de ses propres idées.

Que Swift ait été malheureux plus tard par le fait des deux femmes auxquelles il se trouva en proie, — deux femmes jalouses ! — c'est là une vérité qui ne paraît pas douteuse, bien que, grâce à son caractère enjoué, à sa bonne humeur, il ait pu supporter la rude épreuve. Le pire arriva lorsque Miss Vanhomrigh se mit dans la tête de l'épouser ; elle alla jusqu'à écrire à Esther Johnson (Stella), avec laquelle le doyen vivait au su de tout le monde, une lettre dans laquelle elle lui demandait de préciser exactement la nature de ses relations avec ce dernier. Stella, justement indignée, remit le billet à Swift qui, sur-le-champ, monte à cheval, se rend chez Vanessa, pose sur une table l'inconvenante et méchante missive et repart sans avoir dit un mot. Peu de temps après, la misérable créature, malade depuis longtemps, succombait avec une mauvaise action sur la conscience. Voilà ce que ces Messieurs ont appelé « l'égorgement de Vanessa comme par un coup de couteau » (1723). Esther Johnson mourut quatre ans après.

La mort de cette dernière fut un rude coup pour Swift. Nos fantaisistes critiques disent qu'il en devint fou, non de chagrin, — ce qui serait déjà un signe fâcheux, — mais de remords ! Outre que le soi-disant remords n'est le plus souvent que la crainte d'un châtiment mérité ou non, à moins qu'il n'apparaisse comme un état d'esprit propre aux imbéciles, il faut avouer que l'effet mit quelque temps à se produire. C'est seulement en 1740, treize ans après la mort d'Esther Johnson que Swift tomba en démence. Il avait, il est vrai, souffert toute sa vie d'étourdissements avec accès de surdité passagers ; le Dr Bucknill, auquel on doit une étude

approfondie de la maladie du doyen, reconnaît là les
symptômes de ce qu'on a appelé « la maladie de Mé-
nière. » « C'était, dit-il (1), un désordre purement local
et sans aucune influence sur l'intégrité de ses facultés
mentales. » C'est seulement de 1738 à 1742 que survin-
rent peu à peu les phénomènes de démence avec hémi-
plégie et aphasie, liés sans doute à un ramollissement
du cerveau, auquel il succomba en 1744, à l'âge de
soixante-quinze ans.

Son cas est analogue à ceux de Vico, de Volta,
Linné et autres ; la folie, sous aucune forme, n'apparut
chez lui durant le cours de son existence active. On
excusera les précédents détails biographiques, indispensables pour détruire la légende édifiée par des écrivains
plus brillants que sérieux, soutenus par la coterie des
âmes sensibles ou soi-disant telles, qui, sous le prétexte
de défendre les faibles, inconsciemment crèvent les
yeux à la justice et à la vérité (2).

Je croyais ma tâche finie et commençais à respirer,
quand pour mon malheur je vis qu'il me fallait compter
avec la nouvelle production de M. Lombroso, mentionnée précédemment. Je lui savais gré d'avoir passé à
peu près sous silence, dans l'*Uomo di genio*, Lucrèce et
Wagner; il se contentait d'indiquer vaguement le pre-

---

(1) D᫿ Bucknill, *Dean Swift's Disease*, in *Brain* (janvier 1882).
— Cf. l'article Swift, dans la *Quarterly Review*, d'avril 1883.
De fait, on a voulu, à tort, tirer des ouvrages de Swift, des conclusions non justifiées, relativement à son soi-disant caractère
atrabilaire. Il y a là une interprétation erronée, que rien ne justifie. C'est comme si l'on voulait, sur la foi de *Candide*, faire de
Voltaire un misanthrope et un pessimiste absurde, tandis que
l'auteur de *Zaïre* a voulu seulement confondre l'optimisme béat et
scélérat de Leibnitz.
(2) Cf. Leslie Stephen, *Jonathan Swift*. London, 1882. John
Forster, *The Life of Jonathan Swift*, t. I. London, 1895. (L'ouvrage a été interrompu par la mort de l'auteur.) — P. Max Simon.
Swift, étude psychologique et littéraire, suivi d'un *Essai sur les
médecins de Gil Blas*. Paris, 1893.

mier parmi les suicidés et de rapporter, à propos du second, quelques banalités sans importance. Mais voilà que dans son nouveau *Genio e degenerazione*, se fondant sur une publication de M. S. Stampini (1), il fait, décidément, de l'immortel Lucrèce, un suicidé et un aliéné! Force est donc de rappeler les faits.

Tout ce que l'on sait de l'auteur du *De natura rerum* se trouve dans l'addition de saint Jérôme à la chronique d'Eusèbe, où l'on peut lire en regard de l'année d'Abraham, 1923 (Olymp. 171,3 ; U. C. 660 ou 94 A. C.) :

Titus Lucretius poeta nascitur. Postea amatorio poculo in furorem versus cum aliquot libros per intervalla insaniæ conscribisset, quos postea Cicero emendavit, propria se manu interfecit anno aetatis XLIV.

« Bien que cette tradition (celle du suicide), dit le savant Constant Martha, réponde à la triste impression que vous produit la lecture du poème, il faut la tenir pour suspecte. Elle ressemble à tant d'autres qui ont été imaginées dans l'antiquité pour effrayer l'athéisme et pour servir de leçon à ceux qui seraient tentés d'imiter une audace sacrilège. » Il est entendu que la lecture du poème de Lucrèce produit une « triste impression » sur les littérateurs orthodoxes ; au moins s'imposent-ils le devoir de le dire. Quand un de ces écrivains nous expose si franchement les raisons qui ont pu faire naître ici la légende du suicide, nous devons nous le tenir pour dit. La vie et la mort de Lucrèce demeurent dans une obscurité complète et, à ce titre, se dérobent aux raisonnements et déductions scientifiques quelconques (2).

Quant aux bizarreries de Wagner, dont on a voulu mener grand bruit, elles n'ont jamais dépassé les limites

(1) E. Stampini. *Il suicidio di Lucrezio*, Messina, 1896.
(2) On a beau nous dire que ces notes de saint Jérôme sont une reproduction d'un *De viris* perdu, de Suétone. Cela ne prouve rien, et M. Stampini n'a pas fait progresser la question en

de l'excitation nerveuse, inévitable chez les gens dont le cerveau est constamment occupé par de grandes pensées. Du reste, l'auteur du sanglant pamphlet intitulé *Das Judenthum in der Musik*, pouvait s'attendre à être malmené par les juifs. Je me permets de renvoyer le lecteur à mon essai de dramaturgie musicale (1), où pleine justice est rendue à l'incomparable et tout puissant génie qui a su faire revivre de nos jours, dans toute sa beauté, le véritable drame antique, celui d'Eschyle et d'Euripide (2).

En résumé (3), dans cette section il ne reste que trois grands hommes, Le Tasse, Rousseau et Schumann, susceptibles d'être rangés parmi les génies aliénés.

VI

Ainsi, sur 409 génies avérés, universellement reconnus comme tels, nous n'en trouvons que 11, soit 2,68 p. 100, qui tombent sous le coup de la théorie de Moreau (de Tours) et de M. Lombroso. Cette simple cons-

---

essayant de démontrer la réalité des phénomènes qui pourraient être produits alors par des philtres d'amour. Le seul M. Lombroso croit à ces choses-là. (Voy. *Genio e degenerazione*, p. 161. — Cf. *Revue historique*, janvier, 1897, p. 172.)

(1) A. Regnard. *Études d'esthétique scientifique : La renaissance du drame lyrique*. Paris, Fischbacher, 1894.

(2) Quoi qu'en puisse penser M. Tolstoï, «philosophe chrétien», en réalité protagoniste du judaïsme dans l'art, ce qui est la négation de l'art même, comme il y paraît par l'écœurante et inhumaine élucubration intitulée : *La Sonate à Kreutzer*.

(3) J'allais oublier le « pauvre Villon », mis — naturellement! — au nombre des génies criminels, comme si, dans ces temps pieux, où le poète chantait sur la même corde la *Dame du ciel* et la *Grosse Margot*, où chacun sans penser à mal volait son prochain sans vergogne (Voyez *Maître Pathelin*), comme si, avec de pareilles mœurs, il y avait lieu de faire intervenir à propos de ce joyeux drille la question de la criminalité! Sans compter qu'une au moins de ses condamnations — sinon toutes — paraît lui avoir été infligée à propos de soi-disant faits d'impiété. (V. *Œuvres de Villon*, éditées par M. P. Jannet, préface.)

tatation suffit à la ruiner, puisque enfin, loin que la folie, que les tares héréditaires constituent les phénomènes concomitants, et pour ainsi dire les conditions essentielles du génie, elles ne se rencontrent chez les grands hommes que d'une façon tout à fait exceptionnelle.

Donc, la preuve est faite. On a dit, il est vrai, qu'un seul cas de folie constaté chez l'un d'eux suffirait à établir le caractère morbide du génie ; mais c'est une assertion purement gratuite, qui ne vaut pas la peine d'être discutée. Les faits démontrent invinciblement la réalité du corollaire formulé plus haut :

Le génie est le résultat du fonctionnement des cellules nerveuses de la substance grise du cerveau à leur plus haut degré d'intégrité et de perfection.

Mais, dira-t-on, et les exceptions ? les 2,68 p. 100 ? L'antinomie n'est qu'apparente. Il a fallu, pour la réalisation du génie, l'intégrité des cellules de la substance grise, mais non de toutes les cellules, comme le prouve encore le cas de Pascal, étudié plus loin ; par quoi se trouve établie, une fois de plus, la réalité des localisations cérébrales au point de vue psychique. La solution de l'antinomie est celle-ci : Le génie ne peut se manifester en dehors de l'intégrité des groupes de cellules d'où dépendent essentiellement les phénomènes intellectuels, — au moins d'une portion importante de ces groupes.

Malgré l'existence d'une lésion cérébrale, il est donc évident qu'il pourra encore apparaître dans les cas exceptionnels invoqués — *non à cause de*, mais — *en dépit* de cette lésion. Et son évolution sera d'autant moins entravée que la localisation morbide sera plus circonscrite.

(1) Voir les *Annales* de janvier-février, mars-avril, mai-juin, juillet-août et septembre-octobre 1898.

Prenons, par exemple, Haendel, qu'on n'a, d'ailleurs, pas le droit de ranger parmi les génies aliénés (1). Un peu avant le mois d'avril 1737, il fut frappé d'une attaque de paralysie qui lui immobilisa le bras droit et affecta tout le côté droit, avec affaiblissement de l'intelligence. Dans le *London daily Post*, du 30 avril de la même année, on annonça que M. Haendel, qui avait été quelque temps indisposé par suite d'une affection rhumatismale, était en bonne voie de guérison ; on espérait même qu'il pourrait diriger l'exécution de l'opéra de *Justin*, le mercredi suivant, 4 mai... La saison finie, il se rendit à Aix-la-Chapelle, d'où il revint le 15 novembre, à peu près guéri. Dix jours après son retour, la reine Caroline mourut, et le compositeur donna une preuve certaine de sa guérison en écrivant le magnifique hymne funèbre intitulé : *The ways of Zion do mourn*. Cette composition fut achevée le 12 décembre (2).

Il s'agit bien ici, non d'une paralysie « nerveuse », non d'une simple congestion, mais d'une attaque d'apoplexie, d'hémorragie cérébrale, portant sur l'hémisphère gauche, avec affaiblissement intellectuel momentané. Si M. Lombroso eût connu le fait, il l'eût sans doute attribué à des « excès de boisson » ; il me semble tout naturel d'y voir, avec la prédisposition indispensable, l'effet d'un surmenage cérébral exorbitant, renforcé par les soucis d'une grande entreprise, à la fois commerciale et artistique, terminée par la faillite. Haendel, alors âgé de cinquante-sept ans, n'avait pas composé moins de trente-deux opéras, dont *Acis et Galathée* ; de 1720 à 1726, directeur de la *Royal academy of music*, il en

---

(1) Voir, p. 87.
(2) Leslie Stephen's *Dictionary of national Biography*. Art. *Haendel*, par J.-A. Fuller Maitland et W. Barclay Squire, t. XXIV. London, 1890. — Cf. Mainwaring, *Memoirs of the life of the late F.-G. Haendel*, p. 121-122. London, 1760.

avait écrit treize, et en 1737 même,—donc, pendant les trois premiers mois, — il en avait fait représenter trois à Covent Garden !

Or, ses chefs-d'œuvre, les oratorios, sont postérieurs à l'attaque. *Saül* vient en 1739, la même année que les *Fêtes d'Alexandre*, soit deux ans après la guérison. Puis paraissent *Israël en Egypte*, le *Messie* (1741) (1), composé en trente-trois jours, etc.

Dira-t-on que cette splendide manifestation de son génie est due à la lésion cérébrale, à l'apoplexie mentionnée plus haut ? Je ne crois pas que même le plus enragé lombrosien l'osât soutenir. D'autre part, il y aurait lieu de se méfier. On connaît l'histoire de ces vieux poètes qui, à quatre-vingts ans et plus, tirent de leur armoire des poésies sorties de leur cervelle trente ou quarante ans auparavant, et les donnent au public enthousiasmé, en extase devant l'insénescence des facultés du grand homme. Sous ce rapport, les musiciens sont encors plus sujets à caution. La plupart d'entre eux ont des tas de mélodies, d'inspirations notées et emmaganisées dans les cartons, d'où ils ont bientôt fait de les extraire pour en composer un opéra. Mais encore cela ne s'applique-t-il qu'au genre italien, où il suffit de saupoudrer lesdites mélodies de quelques accords plaqués en les reliant par des bruits divers. Dans le drame lyrique et la symphonie, dans l'oratorio haendélien, un tel procédé n'a pas d'application, les développements exigeant plus de travail génial et tout autant d'inspiration que les thèmes. Le *Messie* n'est certainement pas un placage ; or, il reste acquis que ce chef-d'œuvre a bien réellement été composé quatre ans après l'attaque d'hémorragie cérébrale qui frappa le maître.

(1) Donc, à cinquante-six ans et non à vingt-cinq, comme le prétend l'auteur de l'*Homme de génie*, p. 30.

Qu'est-ce que cela prouve? Deux choses d'une extrême importance, à savoir :

1° Qu'exceptionnellement, le cerveau, à la suite d'une lésion circonscrite, d'ailleurs cicatrisée, peut continuer de fonctionner comme par le passé ;

2° Que les groupes de cellules correspondant à l'aptitude musicale, dans le cas actuel, n'avaient pas été touchés (1).

J'arrive maintenant au cas si exceptionnel, qui, sans confirmer en aucune façon la théorie de Moreau (de Tours), montre le mieux la coexistence possible, chez le même individu, de la folie et du génie.

Blaise Pascal naquit le 16 juin 1623 à Clermont-Ferrand d'un père auvergnat, fort savant homme, habile mathématicien et président de la Cour des aides de sa province. Celui-ci s'appelait Etienne Pascal et était fils du trésorier de France à Riom ; sa mère, — aïeule du grand homme — portait pareillement le nom de Pascal et était fille du sénéchal d'Auvergne à Clermont. Pascal appartenait donc à une famille de la bourgeoisie riche et considérée ; au point de vue intellectuel, ses ancêtres immédiats sortaient du commun. On ne sait malheureusement rien de tous ces gens-là, au point de vue de la santé, sinon que sa mère mourut jeune, à vingt-huit ans ; ce qui est pourtant un indice.

Mais des notions très instructives sont fournies par l'étude des branches collatérales et descendantes.

_____

(1) M. Ireland est disposé à tourner en dérision une pareille manière de voir. En revanche, il ne se trouve pas ridicule en croyant « que l'intelligence (*active intellect*) peut survivre au corps, en se rattachant peut-être à un nouvel organisme, pour lui permettre de discerner les changements dans le monde matériel ». Et comme preuve, il ajoute que « cela nous est enseigné par toutes les grandes religions, le christianisme, l'islam, le bouddhisme et le brahmanisme » ! (*The Blot in the Brain*, by William W. Ireland, M. D. Edinburgh, formerly of H. M. Indian army, etc. London, 1888, p. 312.

Il y a d'abord la sœur de Pascal, Jacqueline, mờrte religieuse à trente-six ans. « Elle était de la nature qui fait les martyrs, dit P. Faugère..... dans les mauvais jours de notre révolution, elle aurait pu être Charlotte Corday (1); » singulier éloge, pour le dire en passant, mais indice très précieux au point de vue qui nous occupe.

Puis nous avons la famille Périer (par Gilberte Pascal mariée à Périer), « sorte de tribu chrétienne dont Pascal aurait été le père spirituel »; ce qui laisserait croire, à tort, que l'exemple du solitaire de Port-Royal avait suffi à faire de toutes ses sœurs, de ses neveux et nièces des fanatiques religieux. Mais, de fait et très certainement, chez tous les membres de cette famille, la dévotion était matériellement « dans le sang ».

« Je suis restée seule, écrit Marguerite Périer; je dois dire comme Simon Macchabée, le dernier de tous ses frères : *Tous mes parents et tous mes frères sont morts dans le service de Dieu* (2). ..... Celui qui mourut le premier après mon père fut mon frère aîné, qui mourut le 11 mai 1680..., puis mon troisième frère, *Blaise Périer;* il était diacre; sa mort arriva le 15 mars 1684, à trente ans et sept mois; *sa vie et sa mort ont été des plus édifiantes...* Ma sœur *Jacqueline Périer* mourut neuf ans après. *Elle voulait être religieuse;* elle ne le put; elle fut obligée de sortir de Port-Royal par ordre du roi... Elle a toujours vécu dans un très grand éloignement du monde... elle était d'une humeur fort sérieuse *et même assez particulière. Elle ne voyait personne. Toute son occupation était de lire et de prier* (3). »

_____

(1) P. Faugère. *Lettres, opuscules et mémoires de Mme Périer et de Jacqueline, sœurs de Pascal, et de Marguerite Périer, sa nièce,* publiés sur les manuscrits originaux, p. 17. Paris, 1845.

(2) Copie d'un mémoire écrit de la main de Mlle Marguerite Périer (nièce de Pascal). Faugère, *loc. cit.,* p. 438.

(3) *Ibid.,* p. 433-437.

Voilà certes une famille singulièrement prédisposée, pour ne pas dire plus ; cela explique bien des choses. Cette Marguerite Périer, d'ailleurs, n'était pas non plus une bête, bien que son zèle n'ait pas toujours été très éclairé, comme le reconnaît Faugère lui-même. Nous lui devons encore le récit très complet, et bien important, de la maladie qui assaillit Pascal encore au berceau :

Lorsque mon oncle eut un an, il lui arriva une chose très extraordinaire. Ma grand'mère (la mère de Pascal) était, quoique très jeune, très pieuse et très charitable... Entre les pauvres femmes à qui elle faisait la charité, il y en avait une qui avait la réputation d'être sorcière. Tout le monde le lui disait ; mais ma grand'mère, qui n'était point de ces femmes crédules et qui avait beaucoup d'esprit, se moquait de cet avis et continuait toujours à lui faire l'aumône. Dans ce temps-là, il arriva que cet enfant tomba dans une langueur semblable à ce qu'on appelle à Paris *tomber en chartre* (1) ; mais cette langueur était accompagnée de deux circonstances qui ne sont point ordinaires : l'une, qu'il ne pouvait souffrir de voir de l'eau sans tomber dans des transports d'emportement très grands ; et l'autre, bien plus étonnante, c'est qu'il ne pouvait souffrir de voir son père et sa mère proches l'un de l'autre. Il souffrait les caresses de l'un et de l'autre en particulier avec plaisir ; mais aussitôt qu'ils s'approchaient (ensemble), il criait et se débattait avec une violence excessive. Tout cela dura plus d'un an durant lequel le mal s'augmentait. Il tomba dans une telle extrémité qu'on le regarda comme prêt à mourir.

Ici se place une absurde histoire de sorcière, qui ne fait pas grand honneur à Pascal le père. La vieille femme citée plus haut, irritée de ce que celui-ci n'avait pas voulu intervenir en sa faveur à propos d'un procès, s'en

---

(1) *Carcerarii*, Infirmi, ægroti, lecto detenti seu clinici, quo modo *chartrieri* nostri olim dicebant seu *estre en chartre*. (Du Cange, Paris, éd. Didot, 1842. t. II.) De *carcer, cella,* se disait en général des malades perclus, immobilisés, en langueur, etc.

serait vengée en jetant un sort sur le fils, d'où la maladie qui fit tomber celui-ci « en chartre ». Sur les sup-
plications de la famille, elle consent à enlever le sort,
qui doit être mis sur une bête. Un chat fut sacrifié et
au bout de quelques jours l'enfant revint à lui et guérit.
Pascal le père avait d'abord offert un cheval (1)!

Voilà pour la famille et les antécédents : voyons
maintenant le sujet lui-même en son évolution.

On sait comment le jeune Blaise, à douze ans, inventa
pour ainsi dire, la géométrie. A seize ans, il écrit un
stupéfiant *Traité des sections coniques* ; à dix-huit ans,
il trouve sa machine arithmétique, tour de force inutile,
d'ailleurs. Tout cela ne laissa pas de le fatiguer. « Cette
fatigue, dit sa sœur, et la délicatesse où se trouvait sa santé, le jetèrent dans des incommodités qui
ne l'ont plus quitté, de sorte qu'il nous disait quelquefois que, depuis l'âge de dix-huit ans, il n'avait pas
passé un jour sans douleur (2) ». C'est vers 1647, à
l'âge de vingt-quatre ans, qu'il composa ses traités sur
l'équilibre des liqueurs et la pesanteur de l'air et sur
le triangle arithmétique. A cette époque, se place ce
qu'on a appelé sa première conversion, la Providence,
dit Mme Périer, ayant fait naître une occasion qui
l'obligea à lire des livres de piété. C'est dans ce premier accès de ferveur qu'il « convertit son père » et
décida sa sœur Jacqueline à se faire religieuse. A ce
moment aussi, se déclara une attaque de paralysie, très
exactement décrite par sa nièce : « Pendant que mon
grand-père était encore à Rouen, écrit-elle, M. Pascal,
mon oncle, qui vivait dans cette grande piété qu'il avait
lui-même inspirée à toute la famille, tomba dans un état

---

(1) Mémoire sur la vie de M. Pascal, écrite par Mlle M. Périer,
sa nièce. *Ibid.*, p. 447.
(2) *Vie de Pascal*, par Mme Périer, *in* Œuvres complètes de
Pascal; édit. Lahure, t. I, p. 5.

fort extraordinaire qui lui avait été causé par la grande application qu'il avait donnée aux sciences ; car les esprits étant montés trop fortement au cerveau, *il se trouva dans une sorte de paralysie depuis la ceinture en bas*, en sorte qu'il fut réduit à ne marcher qu'avec des potences ; ses jambes et ses pieds devinrent froids comme du marbre (1). »

Cette paraplégie, d'origine purement nerveuse, ne dura pas longtemps. Mais sa constitution maladive ne lui fournissait que trop d'occasions de manifester sa résignation et son humilité.

« Il avait, entre autres incommodités, celle de ne pouvoir rien avaler de liquide qu'il ne fut chaud ; encore ne pouvait-il le faire que goutte à goutte ; mais, comme il avait, outre cela, une douleur de tête insupportable, une chaleur d'entrailles excessive et beaucoup d'autres maux, les médecins lui ordonnèrent de se purger de deux jours l'un, durant trois mois ; de sorte qu'il fallut prendre toutes ces médecines et, pour cela, les faire chauffer et les avaler goutte à goutte (2). »

De fait, le malheureux fut baigné, saigné, purgé autant qu'on pouvait l'être à cette époque des Diafoirus et des Purgons ; médication qui, toutefois, ne me semble pas être restée sans effet. Car, comme on lui recommanda, pour achever la cure, de cesser tout travail sérieux et de se distraire, il se rendit à ces avis — ce qu'il n'aurait certainement par fait sans une sérieuse amélioration de son état hypochondriaque ; et, pour parler comme sa famille, « il se mit dans le monde ».

Il en fut retiré, beaucoup moins par les admonestations de sa sœur la religieuse, que par les suites funestes de l'accident du pont de Neuilly.

(1) Marguerite Périer, *loc. cit.*, p. 452.
(2) *Ibid.*, p. 7.

« Il paraît bien, dit le *Recueil d'Utrecht*, que le Seigneur le poursuivait depuis longtemps, comme il l'avoua lui-même dans la suite. La Providence disposa divers événements pour le détacher peu à peu de ce qui était l'objet de ses passions. Un jour de fête, étant allé selon sa coutume, promener dans un carrosse à quatre ou six chevaux (au pont de Neuilly), les deux premiers prirent le mors aux dents à un endroit du pont où il n'y avait point de garde-fous, et se précipitèrent dans la rivière. Comme les rênes se rompirent, le carrosse demeura sur le bord. Cet accident fit prendre à M. Pascal la résolution de rompre ces promenades et de mener une vie plus retirée. Mais il était nécessaire que Dieu lui ôtât ce vain amour des sciences, auquel il était revenu ; et ce fut pour cela, sans doute, qu'il lui fit avoir une vision, dont il n'a jamais parlé à personne, *si ce n'est peut-être à son confesseur.* On n'en a eu connaissance qu'après sa mort par un petit écrit de sa main qui fut trouvé sur lui (1) ».

Je prie le lecteur curieux d'étudier attentivement ce passage du *Recueil.* On sait que cet accident du pont de Neuilly fut le point de départ d'une hallucination souvent renouvelée, qui laissait entrevoir à Pascal l'horreur d'un abîme ouvert à ses pieds ; de plus, on trouve ici la trace d'une autre hallucination, d'une « vision », — pour parler comme les théologiens, — dont la réalité ne paraît pas moins évidente.

Sainte-Beuve, — le Sainte-Beuve de « Port-Royal » non celui des *Nouveaux lundis* — ne croit ni à l'une, ni à l'autre. « Les disciples de Port-Royal, par dévotion, dit-il, les philosophes du xviiie siècle par moquerie, ont contribué à traduire en vision formelle cette circonstance mystérieuse. On est allé jusqu'à dire qu'à partir

_____

(1) *Recueil de plusieurs pièces pour servir à l'histoire de Port-Royal ou Supplément aux mémoires de MM. Fontaine, Lancelot et du Fossé.* A Utrecht, aux dépens de la Compagnie. 1740, p. 158. (XIe pièce. *Mémoire sur la vie de M. Paschal,* comprenant aussi quelques particularités de celle de ses parents).

de ce temps Pascal vit toujours un abîme à ses côtés ; il n'est question de l'abîme que dans une lettre de l'abbé Boileau, bien plus tard. Pascal, comme tous les hommes qui parlent à l'imagination, a sa légende (1). »

Mais ce sont là de simples conjectures. Il n'y a pas lieu vraiment de mettre en doute la véracité et l'exactitude de cet abbé. « Ce grand esprit, écrit-il, croyait toujours voir un abîme à son côté gauche et y faisait mettre une chaise pour se rassurer. *Je sais l'histoire d'original.* Ses amis, ses confesseurs, son directeur avaient beau lui dire qu'il n'y avait rien à craindre, que ce n'étaient que des alarmes occasionnées par une imagination épuisée, par une étude abstraite et métaphysique. Il convenait de tout cela avec eux, et un quart d'heure après, il se creusait de nouveau le précipice qui l'effrayait (2). » L'abbé Boileau, remarquez-le bien, « tient cela d'original », il fait intervenir les amis, le confesseur, en un mot, il parle ici d'une chose qui était monnaie courante dans l'entourage de Pascal. Que ni sa sœur, ni sa nièce n'en aient rien dit, cela se comprend assez ; elles ne voyaient pas là-dedans le doigt de Dieu, mais certainement la marque d'un esprit épuisé par la maladie.

Pour la même raison, elles n'ont pas dit un mot de *l'amulette*, fait positif, irrécusable, cependant, et que Mme Périer connaissait très bien. Voici ce qu'on lit, en effet, dans le *Recueil* :

Peu de jours après la mort de M. Pascal, un domestique de la maison s'aperçut par hasard que, dans la doublure du pourpoint de cet illustre défunt, il y avait quelque chose qui paraissait plus épais que le reste ; et ayant décousu cet endroit pour

---

(1) Sainte-Beuve. *Port-Royal*, 1846, t. II. p. 499.
(2) *Lettres de M. ... sur différents sujets de morale et de piété.* Paris, in-12, p. 206-207, 1737.

8

voir ce que c'était, il y trouva un petit parchemin plié et écrit de la main de M. Pascal, et dans ce parchemin, un papier écrit de la même main ; l'un était la copie fidèle de l'autre. Ces deux pièces furent aussitôt mises entre les mains de Mme Perier, qui les fit voir à plusieurs de ses amis particuliers. Tous convinrent qu'on ne pouvait pas douter que ce parchemin, écrit avec tant de soin et des caractères si remarquables, ne fût une espèce de *mémorial* qu'il gardait très soigneusement pour conserver le souvenir d'une chose qu'il voulait avoir toujours présente à ses yeux et à son esprit, parce que depuis huit ans il prenait soin de le coudre et découdre à mesure qu'il changeait d'habits.

J'ai cru bon de reproduire ce curieux document, que chacun peut contempler en tête du manuscrit des *Pensées*, à la Bibliothèque nationale.

Au verso du feuillet où est collé le papier, seul de la main de Pascal, on lit cette déclaration :

Je soussigné, prêtre, chanoine de l'église de Clermont, certifie que le papier d'autre part collé sur cette feuille est écrit de la main de Pascal mon oncle et fut trouvé après sa mort, cousu dans son pourpoint sous la doublure, avec une bande de parchemin où étaient écrits les mêmes mots *et en la même forme qu'ils* SONT ICI COPIÉS. Fait à Paris, ce 25 septembre 1711. Périer.

Au recto suivant se voit, en effet, l'étrange écrit, qu'en raison de son apparence cabalistique, Condorcet, avec pleine raison, a qualifié d'amulette. Il n'est pas de la main de Pascal, mais il a été copié « en la même forme » qu'il avait dans l'original. C'est, du reste, à part les trois dernières lignes, et avec quelques citations en plus, la reproduction du texte conservé sur le papier. Celui-ci était manifestement, comme une superfétation, une reproduction abrégée du parchemin, écrit au contraire en caractères moulés, pour ainsi dire, avec des lettres capitales par place et deux croix dans des « gloi-

✚

L'an de grâce 1654 ·
Lundy 23 novembre jour de S. Clément,
Pape et M. et autres, au martyrologe Romain,
veille de S. Chrysogone M. et autres, etc.
depuis environ dix heures et demie du soir
jusques environ minuit et demi

———————————— FEU ————————————

Dieu d'Abraham. Dieu d'Isaac. Dieu de Jacob
non des Philosophes et savants ;
joye...
Certitude, joye, certitude, sentiment, veuë.
DIEU DE JESUS CHRIST.
Deum meum et deum vestrum,
Job. 20. 17.
Ton Dieu sera mon Dieu. Ruth.
Oubli du monde et de tout hormis DIEV,
Il ne se trouve que par les voyes enseignées
Dans l'Evangile. GRANDEUR de l'âme humaine.
Père juste, le monde ne t'a point
connu, mais je t'ay connu. Job. 17.
joye, joye, joye et pleurs de joye————————
je m'en suis séparé ————————
Dereliquerunt me fontem ————————
Mon Dieu me quitterez vous ————————
Que je n'en sois pas séparé éternellement ————

————————————————————————————

Cette est la vie éternelle. Qu'ils te connaissent,
seul vrai Dieu et celui que tu as envoyé.
JÉSUS CHRIST ————————————————
JÉSUS CHRIST ————————————————
Je l'ai fui, renoncé, crucifié.
Je m'en suis séparé. ————————
Il ne se conserve que par les voies enseignées
dans l'Évangile.
RENONTIATION TOTALE ET DOUCE
Soumission totale à Jésus Christ et à mon directeur
éternell' en joye pour un jour d'exercice sur la terre
Non obliviscar sermones tuos. Amen.

✚

res » tracées par l'auteur non sans un certain soin (1).

Libre à certains auteurs de voir dans cette étrange pancarte « une prière enflammée » (2), à d'autres de s'écrier à propos de ce FEU en lettres éclatantes : « Mais qui ne comprend de suite de quel feu il s'agit? Esprit saint, Esprit pacifique, s'écriait Bossuet dans son sermon pour la profession de foi de Mlle de La Vallière, je vous ai préparé les voies en prêchant votre parole..... Descendez maintenant, ô feu invisible » (3) !... etc. Mais permettez ! ce n'est pas cela du tout ; ce qu'il faut entendre ici, c'est bien manifestement un *feu visible*, je veux dire cette *gloire* vers laquelle marche Polyeucte et qui n'est pas ce qu'un vain peuple pense, mais la « flamme de feu », manifestation visible du « Dieu d'Abraham, d'Isaac et de Jacob — non des Philosophes et des Sçavants ». Le fait ne paraît pas contestable : Pascal a voulu perpétuer, par cet écrit, le souvenir positif d'une « extase », dit M. Souriau, d'une « vision », lit-on dans le *Recueil*, — d'une hallucination, dirons-nous.

Je n'insiste pas sur le fait que cet écrit, dans sa contexture bizarre, ressemble de tous points à ceux que les aliénés, dans les asiles, remettent journellement aux personnes qui les visitent. Quant à ce qui concerne

(1) Le seul ouvrage, non épuisé, où se trouve la reproduction de l'amulette est le livre de M. J. Bertrand, intitulé *Blaise Pascal*. Paris, 1891. Encore l'auteur ne l'a-t-il pas transcrit sous sa véritable forme si intéressante, au point de vue qui nous occupe. De plus, il a confondu le papier et le parchemin, donnant ce dernier comme écrit de la main de Pascal, ce qui n'est pas exact. Le dernier ouvrage, à ma connaissance, où se trouve reproduit le *fac-similé* de la *copie du parchemin*, est l'*Encyclopédie méthodique*, section de la *Philosophie ancienne et moderne*, par le citoyen Naigeon (an II de la République française une et indivisible). Lélut a donné dans son « Amulette de Pascal », le *fac-similé* du papier.

(2) M. Souriau. *Pascal*, p. 61. Paris, 1897.

(3) Nourrisson. *Pascal, physicien philosophe. Défense de Pascal*, p. 50. Paris, 1888

l'hallucination, elle ne paraît pas discutable lorsqu'on rapproche de « l'amulette » l'affirmation de l'auteur du récit dans le *Recueil d'Utrecht*. C'est pour cela, dit-il (pour lui ôter le *vain* amour des sciences), qu'il lui fit avoir une vision, dont il n'a jamais parlé à personne, *si ce n'est peut-être à son confesseur*. Ces gens-là tenaient la chose du confesseur, cela n'est pas douteux ; le « peut-être » intercalé ici n'est manifestement qu'un euphémisme, je veux dire un moyen de sauvegarder les apparences en ce qui touche le secret de la confession.

Quoi qu'il en soit, c'est à cette époque (13 novembre 1654), un mois environ après l'accident du pont de Neuilly, que s'accentue ce que Lélut appelle (1) « le retour à Dieu et à la maladie ». Pascal se retire du monde et ne cherche plus qu'à s'abêtir de son mieux, « ayant toujours dans l'esprit ces deux maximes, de renoncer à tout plaisir et à toute superfluité ». Et non seulement il se privait, par exemple, de toute nourriture un peu délicate ; mais, comme Marie Alacoque, qui, ayant horreur du fromage, en mangeait pour le vomir, il avalait tout ce qu'on lui présentait, quelque dégoût qu'il en eût. Il n'était pas moins scrupuleux touchant le péché de « luxure » que sur celui de gourmandise, deux péchés capitaux, comme chacun sait. « Si je disais quelquefois que j'avais vu une belle femme, écrit sa sœur, il se fâchait et me disait qu'il ne fallait jamais tenir ce discours devant des laquais ni des jeunes gens, parce que je ne savais pas quelles pensées je pourrais exciter par là en eux. Il ne pouvait souffrir aussi les caresses que je recevais de mes enfants et il me disait qu'il fallait les en désaccoutumer (2) », etc.

Son isolement volontaire ne l'empêchait pourtant pas

(1) Lélut, *L'amulette de Pascal*, p. 168. Paris, 1846.
(2) M⟨me⟩ Périer, *loc. cit.*, p. 15.

de voir de temps en temps des gens du monde qui
« ayant aussi des pensées de retraite demandaient ses
avis et les suivaient exactement ».

Les conversations auxquelles il se trouvait engagé ne laissaient pas de lui donner quelque crainte qu'il ne s'y trouvât du
péril ; mais, comme il ne pouvait pas aussi, en conscience,
refuser des secours que des personnes lui demandaient, il avait
trouvé un remède à cela. Il prenait dans les occasions une
ceinture en fer pleine de pointes. Il la mettait à nu sur sa chair,
et lorsqu'il lui venait quelque pensée de vanité, *ou qu'il prenait
quelque plaisir au lieu où il était*, il se donnait des coups de
coude pour renouveler la violence des piqûres, et se faisait ainsi
souvenir lui-même de son devoir (1).

Je ne crois donc pas qu'on puisse dire avec Sainte-
Beuve, que Pascal dominait, en général, par l'intelligence
son état nerveux (2). La lutte était incessante, sans
trève ni relâche ; mais, c'est au contraire par secousse,
par éclairs, que le génie du pauvre homme avait raison
de son délire. C'est ainsi que dans les premiers temps
de sa retraite, il donne les *Provinciales*, pour rentrer
aussitôt dans le silence. Quelque temps après, vers l'âge
de trente-cinq ans, il est repris, dit sa sœur, des indis-
positions dont il avait souffert dans sa jeunesse. « Ce
renouvellement de ses maux commença par un mal de
dents qui lui ôta absolument le sommeil. Dans ses
grandes veilles il lui vint une nuit dans l'esprit, sans

---

(1) *Ibid.*, p. 10.
(2) Sainte-Beuve. *Causeries du lundi*, XI, p. 192. Nous avons
encore la preuve du contraire dans l'histoire du « Miracle de la
Sainte-Epine ». Vers cette époque, en effet, la fille de Mme Périer, affligée d'une fistule lacrymale, arrivée à un tel point « que
le pus sortait non seulement par l'œil, mais aussi par le nez et par
la bouche, fut guérie en un clin d'œil par l'attouchement de la
Sainte-Epine » : « Mon frère, ajoute Mme Périer, fut sensiblement
touché de cette grâce, qu'il regardait comme faite à lui-même,
puisque c'était sur une personne qui, outre sa proximité, était
encore sa fille spirituelle par le baptême. » (Mme Périer, *loc. cit.*,
p. 10.) Les commentaires sont inutiles.

dessein, quelques pensées sur la proposition de la roulette. Cette pensée étant suivie d'une autre et celle-ci
d'une autre, enfin une multitude de pensées qui se suc-
cédèrent les unes aux autres, lui découvrirent malgré
lui la démonstration de toutes ces choses, dont il fut lui-
même surpris (1). » Ce fut le dernier éclair de son génie.
Dès lors, il ne travaille plus, et à de rares intervalles,
qu'à noter ses pensées en vue de cette *Apologie du
christianisme* « que Dieu ne lui a pas permis d'achever,
dit Mme Périer, pour des raisons qui nous sont incon-
nues ».

Pascal mourut dans les convulsions le 19 août 1662,
à l'âge de trente-neuf ans.

Ses amis, dit le *Recueil*, ayant fait ouvrir son corps, on lui
trouva l'estomac et le foie flétris et les intestins gangrenés.....
A l'ouverture de la tête, le crâne parut n'avoir aucune suture,
si ce n'est peut-être la lambdoïde ou la sagittale... il est vrai
qu'il avait eu autrefois la suture qu'on appelle frontale ; mais
comme elle était demeurée ouverte fort longtemps pendant son
enfance, comme il arrive souvent, et qu'elle n'avait pu se refermer, il s'était formé un calus qui l'avait entièrement couverte
et qui était si considérable qu'on le sentait aisément au doigt.
Pour la suture coronale, il n'y en avait aucun vestige. Les
médecins observèrent qu'y ayant une prodigieuse quantité de
cervelle, dont la substance était fort solide et fort condensée,
c'était la raison pour laquelle la suture frontale n'ayant pu se
refermer, la nature y avait pourvu par un calus. Mais ce qu'on
remarqua de plus considérable et à quoi on attribua particulièrement la mort de M. Paschal et les derniers accidents qui
l'accompagnèrent, c'est qu'il y avait au-dedans du crâne, vis-à-
vis les ventricules du cerveau, deux impressions comme d'un
doigt dans la cire, et ces cavités étaient pleines d'un sang cor-
rompu, qui avait commencé à gangrener la dure-mère (2).

Lelut voit ici deux points de ramollissement.

_____

(1) *Ibid.*, p. 21.
(2) Recueil d'Utrecht, *loc. cit.*, p. 331.

L'auteur des *Provinciales* était dépourvu de tout sentiment affectif. Son grand amour pour les « pauvres » paraissait simplement l'effet de cette manie que les chrétiens ont prise des juifs esséniens et qui les porte à faire l'aumône en vue du paradis. « Il disait que c'était la vocation générale des chrétiens, et que c'est sur cela que Jésus-Christ jugera le monde, et que, quand on considérait que la seule omission de cette vertu (la charité) est cause de la damnation, cette seule pensée était capable de nous dépouiller de tout, si nous avions de la foi (1). » Comme on le voit, le cœur n'y était pour rien. Lorsqu'il apprit la mort de sa sœur — celle qu'il avait poussée au couvent — il ne dit rien sinon : « Dieu nous fasse la grâce d'aussi bien mourir. » On objectera que, peut-être, il n'en pensait pas moins, comme il arrive quelquefois, certaines gens dissimulant sous des dehors stoïques un profond déchirement. Mais pas du tout ! car il s'en allait répétant sans cesse : « Bienheureux ceux qui meurent, pourvu qu'ils meurent au Seigneur (2) ! » « C'est ainsi qu'il faisait voir, ajoute Mᵐᵉ Périer, qu'il n'avait nulle attache pour ceux qu'il aimait ; car s'il eût été capable d'en avoir, c'eût été sans doute pour ma sœur, parce que c'était assurément la personne du monde qu'il aimait le plus. »

Et ce manque de bienveillance, d'*altruisme*, diront quelques-uns, il le manifesta de la façon la plus scandaleuse, la plus déshonorante pour sa mémoire. Je ne veux pas insister, à propos de la Fronde, sur la façon dont il envisageait la rébellion contre le roi, dont la puissance était une image de celle de Dieu, disant « qu'il avait un aussi grand éloignement pour ce péché-là (le péché

(1) *Ibid.*, p. 14.
(2) « Pascal, humainement, n'a jamais aimé ; mais tout cet amour s'est versé sur Jésus-Christ le Sauveur. » (Sainte-Beuve, *Port-Royal*, t. II, p, 504). C'est bien cela !

d'insurrection) que pour assassiner le monde ou voler sur les grands chemins ». Pour un grand esprit, c'est assez s'abaisser, surtout en regard d'un Paul de Gondi ou d'un La Rochefoucauld. Mais nous avons à enregistrer, à son passif, un acte abominable, un fait de délation, du genre le plus ignoble, puisqu'il dénonçait pour ses opinions, supposées hérétiques, un homme qui, s'il ne se fût pas rétracté, eût peut-être partagé le sort de Vanini et d'Urbain Grandier. Comme ce malheureux renonça à prouver que le corps de Jésus-Christ n'était pas formé du sang de la Sainte Vierge, on le laissa tranquille. Et ainsi parut-il bien certain « qu'on n'avait eu d'autres vues que de le détromper par lui-même et l'empêcher de séduire les jeunes gens qui n'eussent pas été capables de discerner le vrai d'avec le faux dans des questions si subtiles. Ainsi, cette affaire se termina doucement ; et mon frère continuant de chercher de plus en plus le moyen de plaire à Dieu, cet amour de la perfection chrétienne s'enflamma de telle sorte dès l'âge de vingt-quatre ans, qu'il se répandait sur toute la maison (1) ». Merci pour la perfection chrétienne (2).

« Pour être un Pascal, dit M. le professeur Charles Richet, il faut être un malade (3). » Je le crois bien ! mais non pour être un Aristote, un Eschyle, un Sha-

_____

(1) *Ibid.*, p. 7.
(2) M. Nourrisson (*loc. cit.*, p. 37) cherche à excuser cette affaire du frère Saint-Ange — c'était le nom de l'hérétique — par l'exemple de Bossuet excitant à la haine et au mépris de Fénelon. Ce n'est déjà pas si propre ! Mais enfin, c'était une querelle d'opinions, d'évêque à évêque, et qui ne pouvait avoir les terribles conséquences de la dénonciation de Pascal. Toutes ces apologies n'excusent rien. Voyez aussi la conduite de l'auteur des *Pensées* à l'égard de Descartes, à propos de l'expérience du Puy-de-Dôme, dont l'idée lui fut certainement suggérée par ce dernier sans que Pascal en ait jamais voulu faire aucune mention. Cela frise l'escroquerie scientifique.
(3) Préface à l'*Homme de génie*, p. VIII.

kespeare, un Descartes, un Goethe, etc. Quant à la nature de la « maladie », il paraît bien s'être agi d'un cas de monomanie religieuse — ou délire partiel d'ordre religieux avec hallucinations, chez un héréditaire ; et chez un hystérique, aurait ajouté Charcot. L'idée fixe est ici — beaucoup moins que l'aspiration au bonheur du Paradis — la crainte de l'enfer, de l'horrible enfer judéo-chrétien, où les rebelles et les incrédules resteront à l'état de « cadavres » sensibles, que les vers mangent et que le feu dévore. « Et leur ver ne mourra point et leur feu ne sera pas éteint (1). » D'une pareille préoccupation pouvait seule résulter, entre autres, l'idée du fameux pari touchant l'existence de Dieu et la vérité de la religion chrétienne, idée si extravagante et qui n'a pu germer dans la tête d'un Pascal qu'en raison de l'infirmité mentale concomitante (2).

C'est qu'en effet, chez ce grand homme, on a pu observer, par l'effet d'une rare exception, les phénomènes résultant de la coexistence du génie et de la folie. Ç'a été, toute sa vie durant, une lutte incessante entre cette force et cette faiblesse, entre cette vigueur exubérante et cette tendance abortive, lutte à mort dans laquelle le génie a succombé. Car enfin, cet enfant véritablement prodigieux n'a pas tenu du tout ce qu'il promettait ; ses expériences sur le vide et la pesanteur de l'air ne sont que le complément de celles de Galilée et de Torricelli ; sa machine arithmétique, son triangle du même nom et la « roulette » sont assurément des tours de force et les indices certains de ses aptitudes

---

(1) *Isaïe*, LXXI, 24. *Marc*, IX, 42, 43.
(2) « Pesons le gain et la perte, en prenant croix que Dieu est. Estimons ces deux cas : si vous gagnez, vous gagnez tout ; si vous perdez, vous ne perdez rien. » (*Pensées* de Pascal, *loc. cit.*, t. I, p. 304). Cf. Voltaire, *Premières remarques sur les Pensées de M. Pascal*. Ed. Lahure, t. XVII, p. 18.)

mathématiques ; mais enfin celui qui, à douze ans, inventait de nouveau la géométrie — effort bien inutile ! — n'a trouvé ni la géométrie analytique comme Descartes, ni le calcul différentiel comme Leibnitz, et s'il a entrevu le binôme de Newton, encore n'a-t-il pas su le formuler.

Que les *Provinciales* soient le chef-d'œuvre du genre, écrit surtout dans une langue admirable, voilà qui n'est pas douteux. Mais, si la forme est parfaite, que dire du fond ! Et comment ne pas s'apitoyer sur le sort de ce malheureux génie qui, tout en confondant l'escobarderie, s'entortille lui-même dans un fatras de contradictions inénarrables touchant la grâce, le libre arbitre et la nécessité, s'épuisant en efforts aussi stériles que judaïques, parfois, pour concilier l'inconciliable, saint Thomas, Jansénius, le concile de Trente et saint Augustin !

Quant aux *Pensées*, gigantesque ébauche, on y retrouve, hélas ! à la fois la plume de l'auteur de la *Roulette* et celle qui traça les caractères de l'amulette. On sait qu'il voulait, en réalité, écrire une apologie du christianisme ; eh bien, j'oserai le dire et donner, suivant son expression, ma « pensée de derrière » : pour mener à bien ce grand ouvrage, ce n'est pas le temps qui lui manqua, c'est la force et la décision. Si son parti eût été pris, la chose aurait été bientôt faite. Mais ce parti, il ne sut pas, *il ne put pas le prendre.* Incessamment tiraillé entre la science et la foi — de fait, entre son génie et la folie — il mourut dans l'angoisse de son impuissance morale, justifiant en plein le mot de Bayle, qui le nomme « un individu paradoxe de l'espèce humaine ».

Ce fut là, véritablement, un cas de banqueroute — non de la science, ce qui est une absurdité — mais du savant, du génie terrassé par la folie. Loin donc que celle-ci soit une condition de celui-là, — quand, par malheur, ils viennent à coexister, entre les deux la lutte est à mort, et c'est toujours le génie qui succombe, encore que, parfois, comme chez Pascal, avec les honneurs de la guerre.

VII

Les disciples d'Auguste Comte ne m'en voudront certainement pas d'accoler le nom de leur maître à celui de Pascal ; la compagnie n'est pas mauvaise en dépit des défectuosités de même ordre. Né à Montpellier, le 19 janvier 1798, dans une famille de la bourgeoisie aisée, élève distingué du lycée de sa ville natale, reçu à seize ans à l'École polytechnique, le premier de la liste de l'examinateur pour le centre et le midi de la France, le jeune Comte arrivait à Paris en octobre 1814, tout bouillant de l'heureux désir de la gloire et dans les meilleures conditions pour le réaliser. Comment, en 1824, il se mit en ménage avec une jeune femme rencontrée dans les Galeries de bois ; comment deux ans après il tomba d'un accès de jalousie dans une attaque de manie qui le fit enfermer chez Esquirol, — voilà ce que le lecteur curieux trouvera exposé tout au long dans la lumineuse étude de M. Joseph Lonchampt (1). Quant au fait d'hérédité, de prédisposition nécessaire, nous ne savons malheureusement rien, sinon que la mère du philosophe était extrêmement superstitieuse, aussi entichée de dévotion que tous les membres de la famille de Pascal, ce qui n'est pas à négliger.

Entré dans la maison de santé d'Esquirol le 18 avril 1826, Comte en sort le 2 décembre de la même année,

---

(1) Lonchampt. *Loc. cit.* (*Revue occidentale*, mai 1889). — Cf. *Revue occidentale* du 1er mai 1895. *Matériaux pour servir à la biographie d'A. Comte*, publiés par Pierre Laffitte, t. XI, p. 437.

non guéri, mais réclamé par sa femme et sa mère.
« Après cet orage cérébral si violent et si long, survint
un abattement profond... il tomba dans la plus sombre
mélancolie. Il n'était plus ce qu'il avait été et il redoutait de ne pas le redevenir. En outre, en proie à la mé-
fiance, son cœur saignait au moindre soupçon. Il se
regardait comme méconnu par sa femme; il craignait
qu'un autre ne lui fût secrètement préféré... De là, de
cruelles et de profondes souffrances. Enfin, au mois
d'avril 1827, un an après la crise terrible qui avait
éclipsé sa raison, il sentait son malheur si lourd et
si écrasant qu'il résolut d'en finir avec la vie ; il se précipita dans la Seine du haut du pont des Arts. C'était
en plein jour ; un garde royal qui passait se jeta à
son secours et Auguste Comte fut encore une fois
sauvé (1). »

La réalité de la folie, chez ce grand homme, n'a d'ailleurs jamais été contestée et, de fait, nous avons ici
« toutes les herbes de la Saint-Jean » : manie, mélancolie (un premier *tour* de folie à double forme, si l'on
veut), monomanie suicide, rien n'y manque. Reste à
savoir comment le génie du philosophe s'accommoda
de cette compagnie.

Très mal, à mon sens. Il guérit de cette première
crise et pour un temps assez long. Mais il ne faudrait pas
croire, avec certains littérateurs (2), que ce malheureux

(1) *Ibid.* N° du 1er juillet 1889, p. 3.
(2) Cf. Arvède Barine. *Névrosés*. Paris, 1898. Après quelques
tâtonnements, cet écrivain parlant de Gérard de Nerval, homme
de talent, un peu surfait par les camarades, arrive pourtant à la
vraie conclusion. « Dans les bons moments, il dépeignait avec
une netteté remarquable, avec une rare puissance d'analyse la
marche et la filiation des conceptions délirantes... venait l'instant où le *moi* fou reprenait le dessus. La main s'interrompait
alors d'écrire pour tracer des figures cabalistiques; on pouvait lire
sur son manuscrit une démonstration de l'Immaculée conception
par la géométrie. » (p. 357.) C'est bien cela !

événement ait, en aucune façon, exercé une influence
favorable sur sa pensée. C'est seulement le 4 janvier 1829, c'est-à-dire un an et demi après la guérison,
qu'il rouvrit son cours de philosophie positive, inauguré
avec tant d'éclat, et interrompu trois ans auparavant
par la maladie. De 1830 à 1842, parurent successivement les six volumes de son œuvre maîtresse, le *Cours
de philosophie positive*. Au printemps de 1838, alors
qu'il préparait le quatrième volume, éclata une
deuxième crise, infiniment moins grave que la première et touchant laquelle on n'a que des détails in-
suffisants. Un troisième accès eut lieu en juin 1842, à
l'occasion du départ de Mme Comte, abandonnant le
toit conjugal après dix-sept ans d'une union au terme
de laquelle, — peu soucieuse de la gloire ou mal éclairée
sur la puissance intellectuelle de son mari, — elle n'en-
trevoyait que la gêne avec l'obscurité.

Enfin, en mai 1845, quatrième crise, suscitée, occasionnellement, par l'amour du philosophe pour Clotilde
de Vaux.

D'après M. G. Dumas, auteur d'une très intéressante
étude sur l'*État mental d'Auguste Comte*, l'amour
pour Clotilde fut la véritable cause de cet accès (1).
Littré y voit une simple coïncidence ; pour lui, ce ne
fut qu'un épisode, un épiphénomène s'ajoutant à la
folie déjà déclarée. D'autres ont raillé assez niaisement
cet amour d'un « vieillard » pour une jeune femme
comme si un homme de quarante-sept ans ne pouvait
pas être normalement, et très efficacement, amoureux.
Sans doute, cette union fut essentiellement « chaste et
pure », pour emprunter le jargon judéo-chrétien, aussi

---

(1) *Revue philosophique*, janvier 1898, t. XLV, p. 41. — Cf.
Littré, *Auguste Comte et la Philosophie positive*, p. 580, sq., Paris,
1863 ; Robinet, *Notice sur l'œuvre et la vie d'Auguste Comte*,
p. 204, sq.

ridicule qu'immoral dans l'espèce, l'union la plus
« spirituelle » entre deux personnes de sexe différent,
suffisamment jeunes et non détraquées, n'allant pas
sans son complément indispensable de délectation
« charnelle ». Auguste Comte, hâtons-nous de le dire,
ne fut pas si ridicule, et si l'union resta « pure », ce ne
fut pas de sa faute.

La délicieuse jeune femme qu'était Clotilde de Vaux,
si l'on en juge d'après le portrait conservé rue Mon-
sieur-le-Prince, eut même le tort de se jouer cruelle-
ment d'un si profond, d'un si ardent amour ; car, après
s'être offerte, le 5 septembre 1845, pour mener la vie
commune «afin de réaliser son seul rêve, la maternité »,
deux jours après, elle refusait (1). Quel coup pour un
amant passionné! Le résultat, pour le pauvre philosophe, fut un terrible ébranlement moral. Quelques mois
après, la jeune femme expirait dans ses bras, consumée par la phthisie (5 avril 1846).

« Fatigué de son immense course objective, — écrivait plus tard Auguste Comte, au seuil de sa *politique
positive*, — mon esprit ne suffisait pas pour régénérer
subjectivement ma force systématique, dont la principale
destination était alors redevenue, comme dans mon début, plus sociale qu'intellectuelle. Cette indispensable
renaissance qui devait émaner du cœur me fut pro-
curée, il y a six ans, par l'ange incomparable que
l'ensemble des destinées humaines chargea de me trans-
mettre dignement le résultat général du perfectionnement graduel de notre nature morale » (2).

Ce qui est une manière *religieusement positive* de
dire que l'amante du philosophe, au nom de l'Humanité divinisée, lui révéla le secret de la soi-disant

(1) *Ibid.* Numéro de février, p. 158.
(2) *Système de politique positive.* T. I, p. 7, Paris, 1851.

méthode subjective et la réalité prétendue de la prééminence, en matière philosophique, du cœur sur l'esprit. Eh bien! j'en demande pardon, en toute sincérité, aux hommes de foi — et de bonne foi — à qui je pourrais faire de la peine en cette occasion ; ce n'est pas là de la philosophie. Je comprends très bien l'amour profond d'Auguste Comte pour sa Clotilde et j'en suis profondément touché ; que dans son délire amoureux il l'appelle sa sainte compagne, rien de mieux! Mais, sa digne collègue, non! Ici, je suis fâché de le dire, apparaît le signe mauvais, et, à propos de l'amour, l'empreinte de la dégénérescence. En quoi cette jolie femme, n'ayant d'autre vertu que la beauté, — c'en est une! — pouvait-elle être la digne collègue de l'auteur du cours de Philosophie positive, de cette admirable synthèse, étonnante conception du génie, et que l'auteur en vint presque à renier dans l'égarement d'une passion funeste (1)?

---

(1) « Dans votre lettre de dimanche soir, reçue hier matin, je suis spécialement touché de la noble appréciation où je pressens le jugement final de la Postérité sur ma sainte collègue éternelle. J'ai récemment acquis à cet égard une sécurité complète, en reconnaissant que sa glorification morale est irrévocablement liée à la conviction intellectuelle de l'incomparable supériorité de ma *Politique* sur ma *Philosophie*. Afin de mieux mesurer cette prééminence décisive, j'ai spécialement relu, ces jours-ci, la meilleure partie de la *Philosophie positive*, c'est-à-dire les trois chapitres extrêmes des *conclusions générales* que je n'avais jamais regardées depuis quinze ans. Outre leur sécheresse morale, qui m'a fait immédiatement lire un chant d'*Arioste*, pour me remonter, j'ai profondément senti leur infériorité mentale, par rapport au vrai point de vue philosophique. Nul digne penseur ne saurait maintenant méconnaître un tel contraste, ni, par suite, oublier l'angélique influence qui le produisit d'après une filiation dont toutes les phases essentielles sont nettement appréciables. Je ne pourrais jamais trouver une meilleure occasion de vous communiquer mon jugement final, que ma biographie consacrera, mais qui déjà circule depuis six mois parmi mes disciples parisiens. Il consiste en ce que, quoique j'aie dû professer et même écrire le *Cours de philosophie positive*, je ne devais pas le publier, sauf à la fin de ma carrière, à titre de pur document historique, avec mon volume personnel de 1864. (Lettre au Dr Audiffrent, 1857.)

Je ne parle pas des hallucinations voulues, au cours desquelles Comte arrivait à évoquer l'image de sa Clotilde; on n'est jamais sûr de la réalité de telles visions, provoquées au gré du personnage intéressé. Mais « l'utopie » de la vierge mère, par malheur, est une réalité trop appréciable et où se reconnait l'égarement d'un grand esprit, assailli par la folie.

Est-ce à dire que je partage à cet égard les idées du lexicographe Littré? Pas le moins du monde! Les défaillances remarquées dans la *Politique Positive* n'en font disparaitre ni les beautés ni les vérités admirables, pas plus que les niaiseries de certaines pensées de Pascal ne détruisent la beauté des autres. Et de même qu'il eût été criminel de chercher à faire interdire l'auteur des *Lettres Provinciales*, de même, on ne peut pas citer comme une bonne action celle des gens qui voulurent autrefois faire annuler par les tribunaux le testament de Comte, encore que chez lui, comme chez Pascal, la folie, occasionnellement, ait fait tort au génie. Et j'enregistre de grand cœur cette conclusion de M. G. Dumas, laquelle, d'ailleurs, découle de mes prémisses, à savoir, que « si Auguste Comte a été un grand philosophe, c'est grâce à sa raison, à sa volonté, et malgré qu'il ait été fou (1). »

J'arrive maintenant à Rousseau. Mon grand-père ne l'appelait jamais que Jean-Jacques, et ainsi faisaient tous les braves gens qui, depuis la « première Révolution », conservaient pieusement sur leur cheminée, comme deux dieux domestiques, les bustes de Voltaire et de l'auteur d'*Émile*. La Légende les couronnait tous deux, bien à tort, de la même auréole. En ce qui concerne Rousseau, les âmes sensibles avaient surtout contribué à la former. Les femmes savaient qu'il avait

_____

(1) *Revue philosophique.* Numéro de février 1898 (*loc. cit.*).

beaucoup aimé ; toutes avaient pleuré sur les malheurs de Julie et palpité sur les lettres de Saint-Preux.

Et les *Confessions*, était-ce assez délicieux ? Et s'il est vrai que péché confessé soit tout à fait pardonné, comment pouvait-on reprocher à ce malheureux des fautes étalées si sincèrement ? Cette théorie, c'est Rousseau lui-même qui la formule au Livre XII (2e partie) de cet ouvrage où, faisant allusion aux larmes amères qu'il déclare avoir versées sur le sort de ses enfants, fourrés à l'hôpital (1), il s'exprime ainsi : « En méditant mon traité de l'Éducation, je sentis que j'avais négligé des devoirs dont rien ne pouvait me dispenser. Le remords devint enfin si vif qu'il m'arracha presque l'aveu de ma faute au commencement d'*Émile*, et le trait même est si clair, qu'après un tel passage, il est étonnant qu'on ait eu le courage de me la reprocher (2). »

Remarquez l'indulgence manifestée, à ce propos, par tous les écrivains « bien pensants », c'est-à-dire spiritualistes, à commencer par Villemain (3), qui veut bénir et honorer Rousseau, « éloquent défenseur du sentiment religieux » (4) dans un siècle de scepticisme. Ah ! si pareille aventure était arrivée à Voltaire ou à Diderot, quel concert d'injures et de récriminations n'eussions-nous pas entendu ? Quelles diatribes contre l'athéisme ! Mais Rousseau, un croyant, un frère, pensez donc ! Ce ne sont plus que péchés mignons, et on passe l'éponge sur ces « fredaines ».

---

(1) *Œuvres complètes de J.-J. Rousseau*, édition Lahure. Paris, 8 vol. in-18 ; 1857, t. I, p. 424.

(2) *Ibid.*, t. VI, p. 141.

(3) Villemain. *Tableau de la littérature au* xviiie *siècle*; édit. in-18, t. II, p. 307.

(4) Je possède un livre, d'ailleurs peu précieux, intitulé : *J.-J. Rousseau, apologiste de la religion chrétienne*, par Martin du Theil, 2e édit. Paris, à la Société de Saint-Nicolas, 1840. Le titre est complètement justifié.

Que Rousseau ait été mauvais père, faux ami, médisant et calomniateur, voilà qui est aussi clair que la lumière du jour ; tout homme de bonne foi, non inféodé à la coterie judéo-mystique, s'en convaincra facilement. Si pourtant, en dépit de ces immenses lacunes morales, il avait rendu service à la patrie ou à l'humanité? Ce serait bien extraordinaire ; mais enfin la question mérite d'être examinée.

Deux tendances très nettes et complètement distinctes se dessinent au sein du xviiie siècle. Tandis qu'un large courant l'entraîne vers la Révolution et la libre-pensée, un effort violent se produit en sens contraire, sous l'influence de l'auteur d'*Émile*. Rousseau est l'adversaire acharné de la saine philosophie, l'ennemi irréconciliable de Diderot et de Voltaire. En vain allègue-t-on le déisme de ce dernier, que l'on identifie avec celui de Rousseau. Quelle vue superficielle des choses! Voltaire, qui croit à la possibilité de la « matérialité » de l'âme, et pas du tout au libre arbitre ; Voltaire, auteur de cet admirable poème, et véritablement athée, au fond, sur le tremblement de terre de Lisbonne, à propos duquel Jean-Jacques, outré de ce déisme si incomplet, — en vérité! — de cette doctrine qu'il trouvait révoltante, écrivait ceci : « Autorisé plus que lui à compter et à peser les maux de la vie humaine, j'en fis l'équitable examen, et je lui prouvai que, de tous ces maux, il n'y en avait pas un dont la Providence ne fût disculpée..... Depuis lors, Voltaire a publié la réponse qu'il m'avait promise, mais qu'il ne m'a pas envoyée. Elle n'est autre que le roman de *Candide*, dont je ne puis parler, parce que je ne l'ai pas lu (1). » Le dernier trait vaut son pesant d'or. De fait, Genevois, calviniste dans l'âme, et par conséquent déiste complet, c'est-à-dire féroce, apôtre de la théorie

(1) *Ibid.* T. VI, p. 21 (*Confessions*. Paris, liv. IX).

du « Vicaire savoyard », proscripteur des sciences et des
arts, encore que musicien, sinon savant, — Rousseau
en arrive dans son *Contrat social* à décréter la peine de
mort contre ceux qui ne croient pas à l'immortalité de
l'âme et à l'existence de Dieu (1). Ce qui fut réalisé
par son disciple Robespierre, faisant tomber sous le couteau triangulaire de l'Etre suprême — autrement appelé
le Dieu des bonnes gens — non seulement Danton, mais
encore avec Gobel, les membres de la commune de
Paris, Chaumette, Clootz, Hébert et consorts, accusés de
vouloir « effacer toute idée de la divinité pour fonder
le gouvernement français sur l'athéisme » (2). C'est
Rousseau et Robespierre, continués — en douceur, hâtons-nous de le dire — par l'abbé Grégoire, qui rendirent
possible, avec la restauration du culte et le triomphe de
Bonaparte, l'échec momentané de la Révolution.

La folie de Jean-Jacques pourrait paraître aux yeux
de certaines gens comme une circonstance atténuante.
Quant à moi, qui me soucie peu de pareilles excuses,
ne voulant pas, cependant, être accusé de partialité,
je me couvrirai de l'opinion du Dʳ Mœbius (3), un

---

(1) La chose paraît tellement monstrueuse qu'il vaut la peine
de reproduire le texte, ainsi conçu : « Que si quelqu'un, après
avoir reconnu publiquement ces mêmes dogmes (l'existence de
Dieu, la vie à venir, etc.), se conduit comme ne les croyant pas,
qu'il soit puni de mort. » (*Du contrat social*, liv. IV, ch. VIII,
loc. cit., t. II, p. 660.) Telle est la religion d'amour à propos de
laquelle les fidèles versent de tous côtés des larmes d'attendrisse-
ment.
(2) Cf. Gustave Tridon. *Les Hébertistes*, Paris, 1864. —
A. Regnard. Chaumette et la Commune de 93 (dans la *Fortnightly
Review*, n° de janvier 1872) ; édition française. Paris, 1889. —
« Le pontife Robespierre, dit Tridon, continua jusqu'au bout à
dire la messe rouge, son Rousseau à la main... Non ! ces effroyables
massacres ne figurent pas à l'actif de la Révolution ; tout supplice postérieur au 4 germinal appartient à Dieu. » (*La Force*,
ouvrage posthume, avec une préface par A. Regnard. Paris,
1889.)
(3) Dʳ P.-Z. Moebius. *J.-J. Rousseau Krankheits-Geschichte*.
Leipzig, 1887,

admirateur de Rousseau quand même, et qui, au cours d'une longue et consciencieuse étude, arrive à en faire, avec toutes preuves à l'appui, un fou lucide atteint du délire de persécution, et, dans toute la force du terme, « un persécuté persécuteur ». Ce qu'il fut en effet.

Comment M. Mœbius parvient-il à concilier cela avec son opinion sur les encyclopédistes, et en particulier sur Diderot, qu'il considère comme un libertin, comme un individu plein de fiel (1) ; comment ose-t-il dire encore que si Rousseau eût vécu seul, il eût été heureux ; mais que son cœur confiant et aimant lui fit chercher des amis, d'où sa perte ? voilà ce que je ne chercherai pas à expliquer, me contentant de citer ces stupéfiantes observations pour bien marquer l'attitude entièrement *Roussienne* et antiphilosophique de l'auteur. Disons seulement, en passant, que Rousseau chercha surtout à se faire des amis, poussé par le besoin de se produire, et, qu'en ayant trouvé d'excellents et de tout dévoués, son premier soin, quand il en eut tiré ce qu'il voulait, fut de les trahir.

Jean-Jacques Rousseau naquit à Genève le 28 juin 1712, d'une famille quelconque, je veux dire sans vertus ni sans vices, n'appartenant à aucune classe bien définie, comptant dans son évolution des ministres protestants et des horlogers, mais dont on ne connaît rien de précis au point de vue des tares héréditaires (2). Que celles-ci aient dû nécessairement exister, on en a la preuve formelle dès l'enfance de notre héros qui, vers l'âge de seize ans, s'affirme comme *exhibi-*

---

(1) *Ibid.*, p. 38.
(2) Cf. E. Ritter. *La famille et la jeunesse de J.-J. Rousseau.* Paris, 1896 ; *La famille de Jean-Jacques*, documents inédits, Genève, 1878. — L. Dufour. *Les Ascendants de J.-J. Rousseau.* Genève, 1890. Les faits cités dans ces études, l'humeur batailleuse du père de Rousseau, etc., en raison de leur caractère vague et indéterminé, ne permettent aucune conclusion précise.

tionniste (1) et comme voleur (2). Le vol du ruban
ne tirerait pas à conséquence, n'étaient les suites funestes de cet enfantillage, qui le transforment décidément en mauvaise action. Mais écoutez-le raisonner
sur ces matières : « Voilà, dit-il, comment j'appris
à convoiter en silence, à me cacher, à dissimuler, à
mentir, *à dérober* enfin, fantaisie qui jusqu'alors ne
m'était pas venue, et dont je n'ai pu, depuis lors, bien
me guérir. La convoitise et l'impuissance mènent toujours là. Voilà pourquoi tous les laquais sont fripons
et tous les apprentis doivent l'être (3). » En quoi il
se trompait, ignorant que ceux-là seulement devien-
nent fripons qui, par leur nature mauvaise, sont pré-
disposés à un pareil vice.

Avant d'aller plus loin, il importe de tirer au clair
la maladie vésicale de Jean-Jacques — ce n'est pas
chose facile! — et de rechercher jusqu'à quel point
elle aurait pu influer sur son état mental. Un premier
fait semble bien établi : c'est qu'à l'autopsie on ne
constata aucune altération dans les organes génito-
urinaires. C'est pourquoi on a parlé tour à tour de
contractions du col de la vessie, ou de l'urètre (Som-
mering), d'un rétrécissement du canal par gonflement
de la muqueuse (Amussat), de spermatorrhée (Lalle-
mand), de valvule musculaire (Mercier); c'est-à-dire
que chacun y a vu un peu sa maladie de prédilection (4).
Pour le Dr Janet, il s'agirait d'une simple « psycho-
pathie ». « Rousseau a été pendant toute sa vie, dit

(1) *Confess.* Part. 1. Liv. III, *loc. cit.*, t. V, p. 373. Exhibi-
tionnisme, monomanie exhibitionniste ; « Rousseau, dit M. le
Dr Cabanès, était manifestement atteint de cette perversion. »
(*Le Cabinet secret de l'Histoire*, 3e série, p. 9. Paris, 1898).
(2) *Confess.*, *loc. cit.*, t. V, p. 371.
(3) *Ibid.*, p. 333.
(4) Voy. Mercier. *Explication de la maladie de Rousseau.* Paris,
1859, 4e édit., p, 63, sq.

M. Cabanès, ce que le Dr P. Janet appelle un *psychas-thénique*. Cette psychasthénie a revêtu différentes formes suivant son âge et les tendances correspondantes à chacune des périodes de son existence; purement uri-naire dans sa jeunesse, elle est devenue génitale avec la puberté, plus tard lithophobique, et s'est terminée par des idées de persécution quand sa vessie et les femmes ont cessé de l'intéresser (1). »

Cette ingénieuse hypothèse n'est malheureusement pas justifiée par les faits. Je ne crois pas non plus que cette infirmité, que cette dysurie l'ait fait renoncer à la place, si avantageuse, de caissier de Franceuil (2); je dis avantageuse, non seulement au point de vue de l'aisance, ce qui peut être secondaire, mais parce que cette place lui laissait tout loisir pour publier ce qu'il voulait.

La vérité est que Rousseau, fabriquant tout douce-ment son délire de persécuté, appartenait dès lors à la catégorie de ces gens qui, comme on dit vulgairement, « boudent contre leur ventre ». Déterminé à passer « dans l'indépendance et la pauvreté le peu de temps qui lui restait à vivre » (3), il quittait Chenonceaux ; mais, quelques années après, il s'installait à l'Ermi-tage aux frais et sous la protection de Mme d'Epinay. Et ainsi pendant toute sa vie ; choyé de tous temps par les femmes les plus charmantes et les plus titrées, logé par elles au milieu des sites les plus enchanteurs, il n'a cessé d'accuser la fortune qui ne cessait de le combler. Heureux encore s'il n'eût pas trahi publique-ment ses charmantes bienfaitrices, se conduisant comme un goujat vis-à-vis de Mme d'Epinay et comme un misé-rable envers la pauvre de Warens, vilipendée odieuse-

---

(1) Cabanès. *Loc. cit.*, p. 32.
(2) *Ibid.*, p. 27.
(3) *Confess.* Part. II. Liv. VIII, *loc. cit.*, p. 569

ment dans ses *Confessions*, et qu'il laissa mourir de faim, dans le temps où il était le plus à même de lui venir en aide (1). On a voulu récemment, à propos de l'histoire de l'Ermitage, démontrer l'existence d'un complot tramé contre Jean-Jacques, par Grimm, Diderot et autres ; on a cité « deux notes de l'écriture facilement reconnaissable de Diderot, pour prouver que celui-ci avait collaboré *de facto* aux mémoires de Mme d'Epinay (2). C'était révéler le secret de polichinelle, et il y a longtemps que Paul Boiteau, entre autres, d'accord avec tous les Roussiens, avait « flétri ce méprisable roman » — c'est l'expression consacrée — que dans un but commercial (on ne voit pas d'autre motif) il avait cru à propos d'éditer. Tous les amis des lumières seront d'accord contre ceux de l'obscurantisme pour s'écrier avec Diderot, à propos de la conduite de Rousseau à l'Ermitage : « Cet homme est un forcené. Je l'ai vu, je lui ai reproché, avec toute la force que donne l'honnêteté, l'énormité de sa conduite. Quel spectacle que celui d'un homme méchant et bourrelé ! Brûlez, déchirez ce papier, qu'il ne reste plus sous vos

---

(1) C'est une chose bien curieuse que « l'état d'âme » des idolâtres de Rousseau. Quand il met ses enfants à l'hôpital, ils s'écrient qu'on n'est pas juste envers cet homme « tourmenté de remords et qui pleure amèrement ses fautes. » (Musset-Pathay, *Histoire de la Vie et des Ouvrages de Rousseau*. Paris, 1821, t. I, p. 19). Lorsque, sous prétexte de confessions, confessant, si j'ose m'exprimer ainsi, les fautes des autres, il dépeint, dans tous ses détails scabreux, le ménage à trois de Mme de Warens, ils s'écrient qu'on ne saurait juger des intentions de Jean-Jacques « sans entrer dans ses idées, dans sa manière de voir. » (*Ibid.*, p. 20, en note.) Mais, permettez ! cette manière de voir est celle d'un malhonnête homme qui dévoile, pour l'unique plaisir de les dévoiler, les turpitudes d'une malheureuse femme à laquelle il est redevable, par-dessus le marché, des plus grandes obligations. Sur la conduite de Rousseau à l'égard de Mme de Warens, outre les confessions, *passim*, voyez E. Ritter, *La famille et la jeunesse de Rousseau*. Paris, 1897, p. 303.

(2) Voyez la *Revue des Revues*, n° d'octobre 1898 (p. 20-40).

yeux ; que je ne revoie plus cet homme-là. Il me ferait croire aux diables et à l'enfer (1). » Il me semble qu'après cette sortie, pas n'est besoin d'aller fouiller les recoins des bibliothèques et d'en tirer de petits papiers à la seule fin de prouver que Diderot, d'Holbach, Grimm et Voltaire ne portaient pas Rousseau dans leur cœur. Et ils avaient mille fois raison de le maudire, non seulement comme un faux ami, mais comme un traître envers la liberté de penser, comme un de ces mauvais, qui, selon la belle expression de Michelet, sont pris de « la haine de l'Idée » (2).

C'est en 1766 que sa folie, après avoir longtemps couvé sous la cendre, se manifesta enfin avec éclat. Obligé de quitter Paris après la publication de l'*Emile*, bien accueilli à Motiers, dans le comté de Neufchâtel, possession du roi de Prusse, il ne tarda pas à être violemment attaqué par la Suisse calviniste, méconnaissant grossièrement un des siens ; car il n'y avait pas un abîme entre Calvin, qui brûla Servet, et Jean-Jacques qui veut la mort des athées. A ce moment-là, un athée précisément, l'illustre philosophe David Hume, lui offrit un abri sûr en Angleterre. Il l'installa à Wootton (comté de Derby), dans une propriété appartenant à un de ses amis, à la fin du mois de mars 1766. « Après tant de fatigues et de courses, écrit Rousseau à Du Peyrou, le 29 mars 1766, j'arrive enfin dans un asile agréable et solitaire où j'espère pouvoir respirer en paix (3). » Quelques jours après, sans cause connue

<hr/>

(1) *Lettre de Diderot à Grimm* (octobre ou novembre, 1757) in t. XIX, p. 446 des œuvres de Diderot. Paris, Garnier, 1876.
(2) *Révolution française*, 2e éd., t. V, p. 447. — « Les philosophes ne le comptent point parmi leurs frères. » (Voltaire. *Lettre à M. Bordes*, mars 1765.)
(3) Rousseau, *loc. cit.*, t. VIII, p. 77.

et, en vérité, sans rime ni raison (1), il adresse à la comtesse de Boufflers une lettre commençant ainsi : « C'est à regret, Madame, que je vais affliger votre bon cœur ; mais il faut absolument que vous connaissiez ce David Hume, *à qui vous m'avez livré*, comptant me procurer un sort tranquille. Depuis notre arrivée en Angleterre, *où je ne connais personne que lui, quelqu'un qui* est *très au fait,* et fait toutes mes affaires, travaille sans relâche à m'y déshonorer et réussit avec un succès qui m'étonne (2). »

Voilà un début plein de promesses ; mais écoutons la fin. Après avoir insinué que Hume ouvre les lettres qu'on lui adresse, à lui Rousseau, et probablement les plus importantes, il ajoute :

Je ne dois pas oublier deux petites remarques : l'une, que le premier soir depuis notre départ de Paris, étant couchés tous trois dans la même chambre, j'entendis au milieu de la nuit David Hume s'écrier plusieurs fois à pleine voix : *Je tiens J.-J. Rousseau!* Ce que je ne pus alors interpréter que favorablement ; cependant il y avait dans le ton je ne sais quoi d'effrayant et de sinistre que je n'oublierai jamais. La seconde remarque vient d'une espèce d'épanchement que j'eus avec lui après une autre occasion de lettre que je vais vous dire. J'avais écrit le soir sur sa table à Mme de Chenonceaux. Il était très inquiet de savoir ce que j'écrivais et ne pouvait presque s'abstenir d'y lire. Je ferme ma lettre sans la lui montrer ; il la demande avidement, disant qu'il l'enverra le lendemain par la poste ; il faut bien la donner ; elle reste sur la table. Lord Newnham arrive ; David sort un moment, je ne sais pourquoi. Je reprends ma lettre en disant que j'aurai le temps de l'envoyer le lendemain ; milord Newnham s'offre de l'envoyer par le paquet de l'ambassadeur de France ; j'accepte. David rentre ; tandis que lord Newnham fait son enveloppe, il tire son

(1) La lettre apocryphe du roi de Prusse, publiée à cette époque, n'a véritablement rien à voir en cette affaire, au moins en ce qui concerne Hume.
(2) Lettre du 9 avril 1766, *loc. cit.*, t. VIII, p. 85.

cachet ; David offre le sien avec tant d'empressement qu'il faut s'en servir par préférence. On sonne, lord Newnham donne la lettre au domestique pour l'envoyer sur le champ chez l'ambassadeur. Je me dis en moi-même : « Je suis sûr que David va suivre le domestique. » Il n'y manqua pas, et je parierais tout au monde que ma lettre n'a pas été rendue, ou qu'elle avait été décachetée.

A souper, il fixait alternativement sur M¹¹ᵉ Le Vasseur et sur moi des regards qui m'effrayèrent, et qu'un honnête homme n'est guère assez malheureux pour avoir reçus de la nature. Quand elle fut montée pour s'aller coucher dans le chenil qu'on lui avait destiné, nous restâmes quelque temps sans rien dire ; il me fixa de nouveau du même air ; je voulus essayer de le fixer à mon tour ; il me fut impossible de soutenir son affreux regard. Je sentis mon âme se troubler, j'étais dans une émotion horrible. Enfin le remords de mal juger d'un si grand homme sur des apparences prévalut ; je me précipitai dans ses bras tout en larmes, en m'écriant : « Non, David Hume n'est pas un traître, cela n'est pas possible ; et, s'il n'était pas le meilleur des hommes, il faudrait qu'il en fût le plus noir. » A cela mon homme, au lieu de s'attendrir avec moi, ou de se mettre en colère, au lieu de me demander des explications, reste tranquille, répond à mes transports par quelques caresses froides, en me frappant de petits coups sur le dos, et s'écriant plusieurs fois : « Mon cher monsieur ! Quoi donc, mon cher monsieur ? » J'avoue que cette manière de recevoir mon épanchement me frappa plus que tout le reste.

Au diable l'épanchement ! Hume vit tout simplement — ce qui n'était pas difficile — qu'il avait affaire, au fond, à un fou, qui, de plus, était un coquin, — deux qualités ne s'excluant pas —, comme il put le reconnaître peu après. Le Dʳ Mœbius trouve que, dans sa rupture avec Rousseau, Hume fit tort à son propre caractère (1). Voilà un étrange aveuglement ! Quoi ! Le philosophe fait tous ses efforts pour procurer au littérateur persécuté une retraite sûre et agréable ; ce dernier l'en

_____

(1) Mœbius, *loc. cit.*, p. 97.

récompense par les plus noires et les plus stupides
accusations et vous voulez que le bienfaiteur soit con-
tent! Mais vous le croyez fou, me dit-on.

La folie n'est pas une excuse ; en dehors de certains
faits, plutôt exceptionnels, l'aliéné manifeste dans sa
folie son caractère propre, bon ou méchant, comme
l'ivrogne dans le délire de l'ivresse. Rousseau, comme
l'immense majorité des persécutés, appartenait à la
catégorie des fous méchants.

Car, aucun aliéniste libre de préjugés ne méconnaîtra
dans le fragment de lettre cité plus haut le caractère
du délire de persécution. On a dit qu'en tout cas,
chez Rousseau, ce délire ne s'était jamais compliqué
d'hallucinations ; ce qui, du reste, n'est pas une condition indispensable. Il me semble pourtant que les « je
le tiens ! », entendus par Jean-Jacques dans cette nuit
fatidique, pourraient être mis sur le compte d'une véritable hallucination de l'ouïe. Je n'affirme rien de précis,
me bornant à soulever la question et à souligner ce « je
ne sais quoi d'effrayant et de sinistre » — pourquoi ?
on se le demande — signalé par Rousseau dans le ton
de ces paroles (1).

A ceux qui prétendraient que la folie de Jean-Jacques n'eut aucune influence mauvaise sur ses écrits,
j'opposerai ses dernières œuvres et surtout l'assommante
palinodie intitulée : *Rousseau juge de Jean-Jacques.*
Quelle chute, pour l'auteur des *Confessions* et de
certaines pages de la *Nouvelle Héloïse !* Qu'on relise

---

(1) Cf. la longue lettre à David Hume, du 10 juillet 1766, où
Rousseau revient avec insistance sur les mêmes faits. « Ces mots
dont le ton retentit sur mon cœur comme s'ils venaient d'être pro-
noncés, les *longs et funestes regards* tant de fois lancés sur moi...
tout cela m'affecte à un tel point que ces souvenirs, fussent-ils
les seuls, fermeraient tout retour à la confiance ; et il n'y a pas
une nuit où ces mots : *Je tiens J.-J. Rousseau!* ne sonnent à mon
oreille comme si je les entendais de nouveau. »

surtout le préambule où, sous le titre d'*Histoire du précédent écrit*, l'auteur raconte comment il s'y prit pour le faire passer à la postérité. « Ne pouvant plus me confier à aucun homme qui ne me trahît, dit-il, je résolus de me confier uniquement à la Providence..... J'imaginai pour cela de faire une copie au net de cet écrit et de la déposer dans une église sur un autel ; et pour rendre cette démarche aussi solennelle qu'il était possible, je choisis le grand autel de l'Église de Notre-Dame (1). » Mais, ô malheur ! en arrivant le 24 février 1776, à la cathédrale pour y présenter son offrande, il trouva fermée une grille faisant communiquer le chœur avec les bas côtés, et qu'il avait toujours vue ouverte depuis trente-six ans. Sur quoi, saisi de la plus violente indignation, « croyant voir concourir le ciel même à l'œuvre d'iniquité des hommes », il sortit rapidement de l'église, résolu à n'y rentrer de ses jours ! (2)

Nombreux, d'ailleurs, sont les traits de folie proprement dits, relevés à l'actif de Jean-Jacques ; je n'en citerai plus qu'un. Corancez lui avait présenté Gluck dont il admirait le génie, et qui fut reçu chez lui, comme, en effet, il méritait de l'être. « Un jour, cependant, sans que rien pût faire prévoir à Gluck cette boutade, Rousseau lui observa qu'il était fâché de lui voir monter, à son âge, quatre étages, et insista pour le prier de s'en dispenser à l'avenir. Le pauvre Gluck en pleurait encore le lendemain. Sous le prétexte que je devais me ressentir personnellement de ces procédés envers M. Gluck, puisque je l'avais introduit chez lui, je lui demandai ses griefs. « Croyez-vous, me dit-il, que M. Gluck qui a toujours travaillé sur la langue italienne, langue si favorable à la musique, l'ait abandonnée pour

---

(1) *Ibid.*, t, VI, p. 420.
(2) *Ibid*, p. 422.

la langue française qui, en tous points, lui résiste, uniquement pour vaincre une difficulté? Ne voyez-vous pas que j'ai avancé qu'il était impossible de faire de bonne musique sur la langue française, et qu'il n'a pris ce parti que pour me donner un démenti (1) ? » Ainsi, Gluck n'avait écrit ces immortels chefs-d'œuvre, Alceste et Armide, sur des paroles françaises, que pour « embêter » Rousseau !

Inutile, après tant de preuves, de recourir à la légende du suicide pour établir le déplorable état mental de ce malheureux. On n'aura jamais le dernier mot là-dessus (2), et peu importe ; disons seulement que la mort volontaire est plutôt exceptionnelle chez les persécutés. Ils sont, par malheur, beaucoup plus souvent homicides que suicides (3).

« L'ancienne doctrine de la monomanie, dit le Dr Mœbius, en vertu de laquelle une partie seulement de l'homme intellectuel était malade, tout le reste étant sain, cette doctrine n'est plus de mode. On admet aujourd'hui qu'un trouble intellectuel est toujours une maladie de la personnalité toute entière. Pourtant, le cas de Rousseau est bien propre à établir la réalité relative de l'ancienne manière de voir (4). » C'est une vé-

---

(1) Corancez. Extraits du *Journal de Paris* de l'an VI.
(2) Dubois d'Amiens, dans une mauvaise étude lue à l'Académie de médecine, a conclu au suicide sans le prouver. (Séance du 1er mai 1886, in *Bulletin de l'Académie de médecine*. t. XXXI, p. 594.)
(3) Cf. Dr A. Ritti. *Délire de persécution*, in Dictionnaire encyclopédique des sciences médicales. Paris, Masson.
(4) Dr Mœbius, *loc. cit.*, p. 101.
Voyez encore sur la folie de Rousseau, A. Bourgeault. *Étude sur l'état mental de J.-J. Rousseau*. Paris, Plon, 1883. — Dr Julius Hildebrand. *J.-J. Rousseau von Standpunkte der Psychiatrie*. Berlin, Gaertner, 1884. — Alfred Binet. *Études de Psychologie expérimentale* (ch. III). Paris, Doin, 1888. — H. Beaudoin. *La Vie et les Œuvres de J.-J. Rousseau* (*passim*). Paris, 2 vol. in-8, 1891. — Châtelain. *La folie de J.-J. Rousseau*, 1 vol. in-12. Paris, 1890.

rité qui crève les yeux; elle ressort invinciblement de toutes les données de mon travail. Jean-Jacques Rousseau, monomaniaque atteint du délire de persécution, à des degrés divers, dans tout le cours de son existence, s'est pourtant manifesté dans plusieurs de ses écrits, comme un littérateur de premier ordre. S'il a échoué complètement sur le terrain philosophique, l'*Emile* n'étant qu'une prétentieuse collection de sentimentales banalités, et le *Contrat social* qu'une solennelle imposture (1) couronnée par un violent attentat à la liberté de conscience, il a semé dans la *Nouvelle Héloïse* et dans les *Confessions* assez de roses et de pervenches pour charmer encore deux ou trois siècles à venir. De plus, aussi longtemps qu'il y aura une langue française, les fidèles de l'art de bien dire reliront la prosopopée de Fabricius comme on relit les Oraisons funèbres de Bossuet, pour la forme admirable et en dépit de l'absurdité du fond.

Le cas de Rousseau appelle immédiatement celui du Tasse, bien que le premier ait été toute sa vie un fou lucide, tandis que le second, après la composition de la *Jérusalem*, apparut comme un aliéné, dans toute la force du terme. Nous pouvons donner ici la description d'un écrivain distingué, qui a retracé, aussi fidèlement que possible, le tableau de la folie du Tasse, avantage d'autant plus appréciable que la fantaisie littéraire s'est donné libre carrière pour récriminer contre

---

(1) Voyez mon livre de l'*État*, p. 14, sq. Rousseau n'a rien compris à la doctrine de Hobbes sur la matière. Sa théorie, bonne tout au plus pour une république théocratique, repose essentiellement sur le libre choix de l'homme : ce qui est une double absurdité, l'homme étant sociable par nature, par nécessité, et non en vertu de son libre choix. Quant à l'*Emile*, que penser d'un *traité de l'Éducation* où on lit, à propos de l'élève modèle : « il importe peu qu'Emile sache lire avant l'âge de quinze ans »! (Rousseau, *loc. cit.*, t. I, p. 494).

les persécutions dont le poète aurait été l'objet et qui, de fait, furent uniquement suscitées par son délire (1). « Nous avons à étudier, dit J.-A. Symonds, une véritable odyssée de maladie, d'indigence et de malheur. Les palais des princes, des cardinaux, des papes mêmes lui étaient ouverts. Il ne se trouvait bien dans aucun. Il lui eût été si facile d'y demeurer s'il avait eu le tempérament d'un Berni ou d'un Horace! Mais il était en rupture de ban vis-à-vis du monde. Aucune situation, si confortable fût-elle, nulle assurance d'une vie tranquille et aisée ne pouvait calmer son âme tourmentée ; graduellement, et en dépit de la vénération universellement professée à l'égard du *sacer vates*, il devint la risée de l'Italie (2). »

Né à Sorrente, le 11 mars 1544, de Bernardo Tasso, noble et courtisan, poète distingué lui-même, et de Porzia dei Rossi, le jeune Torquato se faisait déjà remarquer à huit ans par la précocité de son intelligence. En 1562, à dix-huit ans, il publie *Rinaldo*, roman de chevalerie en vers et en douze chants, et le dédie à Alphonse II, duc de Ferrare. Trois ans après, il entre à la cour de ce prince, où il devient l'idole des dames et particulièrement des princesses Lucrezia et Leonora d'Este, de dix ans plus vieilles que lui. On l'avait logé dans le château, avec une jolie pension, et sans exiger

---

(1) Mme de Staël donne la note complète dans ce concert de banalités, d'un inepte sentimentalisme: « L'on connaît, dit-elle, la sensibilité maladive du Tasse et la rudesse polie de son protecteur Alphonse, qui, tout en professant la plus haute admiration pour ses écrits, le fit enfermer dans la maison des fous, comme si le génie qui part de l'âme devait être traité ainsi qu'un talent mécanique dont on tire parti en estimant l'œuvre et en dédaignant l'ouvrier. » (*De l'Allemagne*, 2ᵉ partie, ch. XXII.) Sismondi, dans sa très intéressante histoire *de la Littérature du Midi de l'Europe*, n'a guère mieux indiqué la situation. (Paris, 1813, t. II, p. 166.)

(2) *Enc. Brit.*, t. XXXIII. London, 1888, art. *Tasso*. J. A. Symonds.

de lui aucun travail. C'est là que, libre de tout souci, au milieu des banquets et des fêtes, faisant tour à tour l'amour et des vers, il composa sa *Jérusalem délivrée*, terminée en 1574 (1). Il avait trente et un ans ; sa vie, comme grand homme, était terminée aussi.

Peu de temps après, il commence à être en proie à des illusions et à de véritables hallucinations. Il se croit trahi par ses domestiques, dénoncé à l'inquisition ; un jour, il menace de son poignard un serviteur en présence de Lucrezia, duchesse d'Urbin. Mis aux arrêts, puis relâché, emmené ensuite au château de Belrignardo (2), il craint d'être assassiné par les gens d'Alphonse et se sauve à Sorrente, chez sa sœur.

La vérité est que le Tasse, dès le commencement de l'année 1575, devint la proie d'une maladie mentale qui, sans arriver à la folie complète, le rendit fantasque et insupportable, misérable à ses propres yeux et tout à fait inquiétant à ceux de ses protecteurs. Rien absolument ne prouve qu'un pareil état ait eu pour cause une passion désordonnée dont Léonore aurait été l'objet. Le duc, loin d'agir comme un tyran, se montra aussi patient que possible. C'était un homme plutôt raide, non sympathique, aussi égoïste que n'importe quel petit prince de ce temps-là. Mais, envers le Tasse, il ne se montra jamais cruel ; dur et maladroit, peut-être, jamais il n'apparut comme un monstre de férocités tel qu'on l'a voulu peindre. Cela ressort de l'histoire de ses relations avec le poëte. Une fois à Sorrente, le Tasse soupira après Ferrare ; le courtisan était incapable de respirer à l'aise, loin de ces lieux charmants. Il écrivit des let-

(1) Elle ne parut qu'en 1581, alors qu'il était enfermé comme fou. Il avait eu la malencontreuse idée d'envoyer des copies de son manuscrit à tous les beaux esprits de l'Italie, en leur demandant leur avis. Fort heureusement pour sa gloire, la *Jérusalem délivrée* vit le jour alors qu'il était enfermé à l'hôpital, et sans aucune des coupures ou modifications indiquées par les aimables critiques. L'édition selon leur cœur, un poëme tout différent, gâché comme à plaisir par le malheureux aliéné, parut en 1592, sous le titre de la « *Gerusalemme conquistata* ».

(2) Où Gœthe a placé la scène de son « Torquato Tasso ».

tres très humbles, demandant à ce qu'on le reprît. Alphonse y
consentit, à la condition que le poète se laisserait soigner par
les médecins pour sa mélancolie. Le Tasse accourut, fut admirablement reçu par la famille ducale, et tout aurait bien marché si son ancienne maladie n'avait pas reparu. Ce ne furent
bientôt que soupçons, accès d'irritabilité, de vanité blessée,
éclats violents, si bien que dans l'été de 1578 il s'enfuit de
nouveau. Il courut à Mantoue, puis à Venise, à Urbin...
Partout, « s'en allant comme un malheureux rejeté du monde
entier », il rencontra l'accueil et les honneurs dus à son nom
illustre (1).

Inutile d'insister sur des faits désormais incontestés.
Enfermé de 1579 à 1586 chez les moines de Sainte-
Anne, qui paraissent avoir tenu une véritable « maison
de santé », il y manifesta tous les signes de la folie de
persécution la plus complète, avec hallucinations de
l'ouïe et de la vue, ayant tantôt affaire au diable, tantôt
à la Vierge Marie, tantôt à un esprit follet qui lui en-
lève son pain, son dessert, etc. (2). « Le Tasse passa sept
ans enfermé à l'hôpital des fous, dit Sismondi, sans que
les volumineux écrits qui sortirent de sa plume pendant
ce temps pussent convaincre Alphonse II qu'il était
dans son bon sens (3). » Je le crois bien! personne
n'a jamais pu lire, certainement, l'amas de rapsodies
remplissant les plus gros volumes de ses œuvres complètes, et, quant à la pitoyable tragédie de *Torrismondo*,
publiée après sa sortie de l'hôpital, c'est un nouveau

(1) Symonds. *Loc. cit.*
(2) Voyez sur la folie du Tasse, outre l'auteur précédemment
cité : Suard. *Notice sur la vie et le caractère du Tasse.* — Verga.
Sulla Lipemania del Tasso, in Giernale dell' Instituto Lombardo
de'scienze, lettere ed arti 1846, t. XI, p. 38-54. — F. Cardona.
Studii nuovi del Tasso alienato, in Nuova, vol. XXIII; febr. 1873.
— Rothe. *Torquato Tasso, eine psychiatrische studie,* in Allg.
Zeitschr. für Psychiatrie. Berlin, 1878, t. XXXV.
Consultez aussi Ferrazzi. *Torquato Tasso,* Studii biografici-cri-
tici-bibliografici. Bassano, 1880.
(3) D. Sismondi, *loc. cit.,* p. 169.

spécimen à montrer aux littérateurs sensibles qui s'extasient sur les admirables productions des génies aliénés. En 1594, il prit fantaisie au pape Clément VIII de le faire couronner, comme Pétrarque, au Capitole ; le pauvre poète, tout branlant, tout cassé, décrépit avant l'âge, — il n'avait que cinquante et un ans, — dans un éclair de raison, s'enfuit au couvent de Sant-Onofrio, pour s'aliter et mourir (15 avril 1595).

Depuis vingt ans, il était entré dans la gloire, sans avoir pu, en aucune façon, depuis, en agrandir le rayonnement ; depuis vingt ans, son intelligence hantée par des visions s'était consumée en inutiles efforts. Tancrède et Renaud, la douce Herminie et Clorinde et Armide, tous ces paladins et ces vivantes héroïnes s'étaient heureusement envolés de son cerveau avant l'heure où la Folie vint s'y installer à leur place.

C'est ainsi que dans notre XIXᵉ siècle, l'illustre compositeur Robert Schumann mit au jour ses œuvres immortelles, le *Dichter Liebe*, *Manfred* et les autres, avant que le délire mélancolique qui le minait eût décidément mis la main sur lui. Aux environs de 1852, à quarante-deux ans, il devint sujet à de véritables hallucinations. « Il croyait entendre une note particulière et persistante, ou certaines harmonies, ou des voix murmurant, soit des menaces, soit des encouragements. Une nuit, il s'imagina que les mânes de Schubert et de Mendelsohn lui apportaient un thème musical ; il se leva et le nota. Il écrivit des variations sur ce prétendu thème. Ce fut sa dernière œuvre, et elle resta inachevée. Le 27 février 1854, il sortit de chez lui et courut en robe de chambre vers le Rhin, dans lequel il se précipita ; il fut sauvé. D'irrécusables symptômes de démence se déclarèrent alors ; cependant, au bout de quelques jours, il retrouva sa raison et un calme inattendu se produisit. Il compléta les variations commencées avant la catastrophe. Mais ces derniers efforts d'un génie harassé ne furent pas publiés (1). » Schumann mourut deux ans après, dans la maison de santé du D' Richards, à Endenich, près Bonn. Il avait quarante-six ans.

Avec ces cinq personnages — Pascal, Comte, Rousseau, le Tasse, Schumann, auxquels il faut joindre Jeanne d'Arc, sur laquelle je me suis expliqué plus haut (2) — se constitue la série des individus de génie, véritablement et radicalement aliénés, se détachant en vigueur sur le groupe des onze personnes chez lesquelles j'ai dû admettre la coexistence du génie et de la folie. Les cinq personnages restant, Mahomet et Luther, Socrate et Schopenhauer, enfin César ne présentent pourtant pas, au point de vue de la folie, des caractères aussi tranchés.

Voici d'abord Mahomet et Luther, bien étonnés, peut-être, de se trouver ensemble ; à tort assurément, car tous les deux ont fait effort et non sans succès, pour ramener les peuples au monothéisme pur, la forme de religion la plus atroce chez les races supérieures, et particulière aux Sémites, qui en ont infecté le monde.

Pour ce qui regarde Mahomet, la réalité des faits est véritablement bien difficile à établir. Les uns en font d'emblée, et sans savoir pourquoi, un épileptique ; d'autres, surtout dans ces derniers temps, prétendent qu'on ne sait rien de précis sur cet homme-là ; tout ce qu'on en raconte appartiendrait à la légende et, de fait, ajoutent-ils, le monothéisme était dans la logique de l'évolution de ces Sémites, les Arabes (3). Ce n'est pas moi

---

(1) E. David. *Les Mendelssohn Bartholdy et Robert Schumann*, p. 313, sq., Paris 1886. — Cf. l'article *Schumann* du D' Philipp Spitta in *Sir George Grove's dictionary of music and musician*, t. III, London, 1883.

(2) Voyez p. 31.

(3) Cf. D' H. Grimme. *Mohammed; erstes Theil, Das Leben*, p. 11 et *passim*. Münster, 1892.

qui m'inscrirai en faux contre cette dernière opinion (1).
Certainement, et sans Mahomet, les Arabes seraient
arrivés, par la force des choses, au monothéisme ; mais
ce « prophète » n'en a pas moins accéléré et, dans l'espèce, déterminé cette évolution. D'autre part, affirmer
qu'on ne sait rien de lui, c'est dépasser les bornes de la
critique. Renan, il est vrai, a fait le plus grand tort à
l'éxégèse historique en édifiant avec rien — ou si peu
de chose ! — le type de son Jésus, ce juif *exquis*, pour
parler son langage ; ce n'est pas une raison pour verser
dans l'ornière opposée et renoncer, *a priori*, à toute
enquête touchant la vie des personnages obscurcis par
la légende. Celle de Mahomet (Mouhammed) a été
écrite dès la fin du premier siècle de l'Hégire, puis, avec
beaucoup de soin et d'exactitude, semble-t-il, par un
certain Wâckidi, né l'an 121 de la même ère. Sprenger
fait le plus grand cas de cet ouvrage, découvert par lui
à Cawnpore, et dont il s'est surtout servi pour composer
sa remarquable *Vie de Mahomet* (2). Il n'hésite pas à
admettre la réalité de l'épilepsie ; mais la description
des attaques auxquelles le prophète aurait été sujet ne
justifie nullement ses conclusions, et je me rattache,
pour ma part, à l'opinion de Gibbon, qui, dans son admirable histoire, rejette cette hypothèse comme une
absurde calomnie des Grecs (3). « Les titres, ajoute-t-il,
de deux chapitres du Coran, l'*enveloppé*, l'*encapuchonné*,
ne peuvent guère être invoqués en faveur d'une pareille
interprétation. » Sans doute ; mais ces titres, et surtout
les paroles du livre auxquelles ils font allusion, ne
laissent pas d'être d'une extrême importance. Cela

---

(1) Voyez mes *Aryens et Sémites*, p. 166. Paris, Dentu, 1890.
(2) Dr Sprenger. *Life of Mohammed, from original sources.* Alla-
habad, 1851.
(3) Gibbon. *The history of the decline and fall of the Roman
Empire.* Edit. Milman et Guizot, t. VI, p. 259.

donne une incontestable autorité à la tradition d'après
laquelle Mahomet, lors de ses premières visions, se réfu-
giait épouvanté, haletant, aux pieds de sa femme Kadidja et lui criait : « Couvre-moi la tête » (1). Ce qui arriva
pour la première fois dans le mois de Ramadan, comme
il répétait ses pieux exercices sur le mont Hira, lorsque
l'ange Iebraïl (Gabriel) lui apparut pendant son sommeil et lui commanda de lire — quoiqu'il en fût incapable — ce qui était écrit sur un rouleau de soie étalé
devant lui ; c'était le commencement de la surate 106 :
« Lis! au nom de ton Dieu, etc. » (2). C'est au
sortir de ces attaques qu'il prophétisait, et toutes les
fois qu'il y tombait, il ne manquait pas de crier à
Kadidja : « Enveloppe-moi, couvre-moi la tête! » Cela
n'a aucun rapport avec l'épilepsie, j'entends ici l'épilepsie proprement dite, et non cette maladie fantai-
siste, « bonne à tout faire », qu'on nous a présentée
depuis.

Dans ces faits incontestables, il me semble, constat-
és en somme par le Coran, je crois reconnaître plutôt
des phénomènes hystériques, effets d'un état de nervosisme au suprême degré. Dans le même ordre d'idées,
j'appellerai l'attention sur l'extrême salacité du prophète. On nous dit que cela ne commença qu'après la
mort de Kadidja, et alors qu'il frisait la cinquantaine.
Peu importe ; ce qu'établit la tradition, c'est que sur le
chapitre du « devoir conjugal », s'il ne valait pas trente
hommes, il pouvait, en une heure, *satisfaire* onze

---

(1) Cf. les surates, 73 et 74, intitulées « l'Enveloppé » et
« l'Encapuchonné ». « O toi, l'encapuchonné, lève-toi et prêche et
glorifie ton seigneur », etc. (surate 74).
(2) Cf. Prof. Wellhausen, article *Mahomet*, in *Enc. Brit.*,
t. XVI. London, 1883. — *The Rauzat us-Safa, or Garden of
purity containing the life of Mahammad by Muhammad bin Kha-
vendshah bin Mahmud*, commonly called *Mirkhond*. Part II,
vol. I, p. 146. London, 1893.

femmes (1) — les siennes ; c'était son chiffre officiel.
« Et Abulfeda, ajoute Gibbon, rapporte l'exclamation
d'Ali, qui lavait le corps de Mahomet au moment de
l'ensevelir : *O propheta ! certe penis tuus cœlum versus
erectus est* (2). »

De tous ces faits, qui paraissent bien authentiques, —
à part la flatteuse observation d'Ali, le disciple bien
aimé, — on peut déduire l'existence, chez notre héros,
d'un état de folie hystériforme, peut-être accompagnée
d'hallucinations de l'ouïe, sinon de la vue. Le cas de
Mahomet, dans ces conditions, se rapprocherait de celui
de Jeanne d'Arc. Car je suis de l'avis de Carlyle (3) ;
je ne pense pas que le pur charlatanisme puisse jamais
arriver à produire des effets universels, *Welthistorischen*.
Était-il absolument sincère ? Au début, cela se peut ; je
crois qu'en sa qualité de Sémite, au courant des choses
judaïques et chrétiennes, très probablement excité par
ses hallucinations, il proclama de bonne foi cette formule
qui rallia la portion inférieure du monde civilisé : « Il n'y
a pas d'autre Dieu que « Dieu », et Mahomet est son prophète. » Cet individu-là avait en lui l'étoffe d'un *Ueber-
mensch*, encore que malfaisant, et sa pensée intime est
certainement traduite dans les admirables vers de Voltaire, qui lui fait répondre à l'imbécile Zopire, demandant
quel droit il a reçu d'enseigner et d'exercer le pouvoir :

Le droit qu'un esprit vaste et ferme en ses desseins
A sur l'esprit grossier des vulgaires humains (4).

---

(1) Maracci. *Prodromus Alcoran*, t. IV, p. 55, cité par Gibbon,
loc. cit., p. 268.
(2) Gibbon. *Ibid.*, p. 268.
(3) Carlyle. *On Heroes*, etc. Lecture II. *The hero as prophet;
Mahomet, Islam.*
(4) *Mahomet*, acte II, sc. 5. Le même Voltaire a encore le
mieux posé et résolu la question comme toutes celles qu'il a exa-
minées, et cela en quelques lignes : « Il est à croire que Mahomet,
comme tous les enthousiastes, violemment frappé de ses idées,

Nous trouvons quelque chose d'analogue chez Luther, quoique à un degré bien inférieur. Celui-ci, appelé Martin, était né à Eisleben, en Thuringe, de Jean Luther et de Marguerite Ziegler, — deux petites et courtes personnes aux yeux bruns, dit le juif Ketzler, qui les vit en 1522 (1). Le père, originaire de Möhra, petit village entre Eisenach et Saltzungen, aurait tué, *d'après une tradition,* un paysan qui faisait paître son bétail dans les prés ; d'où sa fuite à Eisleben. Etabli ensuite à Mansfeld, à deux lieues de là, il travailla comme mineur, parvint à réaliser une certaine fortune et fut un des magistrats de la ville. Il eut sept enfants, dont trois filles ; deux garçons moururent en bas âge. Luther fut mis à l'école de bonne heure. Un événement, qui semble hors de doute, non légendaire, décida de sa vie. « C'était en 1505 ; la peste décimait Erfurt ; l'académie était dispersée, la colère de Dieu semblait frapper le pays. Par une journée brûlante de l'été, il se promenait dans la campagne. Entre Erfurt et Sottenheim, un orage fond sur lui, la foudre éclate et tombe à ses côtés. Dans une mortelle épouvante, le jeune homme s'écrie : Sainte Anne, sauve-moi et je me fais moine !... (2). »

Voilà un coup de tonnerre bien peu providentiel, — au point de vue de l'orthodoxie. Car Luther se fit moine, en effet, et l'on connaît le résultat. Ce que l'on connaît moins, c'est l'ascétisme outré du nouveau converti, se martyrisant jusqu'à la mort à force de veilles,

---

les débita d'abord de bonne foi, les fortifia par des rêveries, se trompa lui-même en trompant les autres et appuya enfin par des fourberies nécessaires une doctrine qu'il croyait bonne. » (*Essai sur les mœurs,* ch. VI.) Si l'on joint à ce tableau quelques hallucinations, dans le genre de celles qu'on vient de décrire, on a l'explication complète du personnage et de son rôle.

(1) Félix Kuhn. *Luther, sa vie et son œuvre,* 3 vol. in-8. Paris, 1883-1884, t. I. p. 23. — Voy. aussi, Köstlin, *Luthers Leben.*
(2) *Ibid.,* t. I, p. 43.

de jeûnes et de flagellations, se faisant, comme il le déclare, le persécuteur et le meurtrier de sa chair. « Cochlœus, son adversaire et son biographe, raconte qu'un jour que le prêtre lisait à l'Évangile l'histoire du démoniaque muet, Luther, saisi de terreur, s'écria tout à coup : « *Ha! non sum! non sum!* » et tomba de son haut sur le pavé de l'église (1). » Il était arrivé aux confins de la démonomanie.

Il faut rapprocher de cette attaque le fait rapporté par Ratzberger. « C'était au temps des premiers combats, sans doute avant son mariage. Un jour, Lucas Edemberger, précepteur du duc Jean Ernest, Georges Rhau, le chanteur, et plusieurs amis, tous bons musiciens, lui firent une visite au couvent. On leur dit là que Luther s'était enfermé dans sa chambre, que depuis fort longtemps il n'avait ni bu ni mangé et n'avait laissé entrer personne auprès de lui. Lucas frappa à la porte et, ne recevant aucune réponse, il regarda par une fente et aperçut Luther couché tout de son long sur le plancher, évanoui, les bras étendus. D'un coup il enfonça la porte, le secoua, le porta au grand air, lui fit préparer à manger et, avec ses amis, commença à faire de la musique. Luther sortit peu à peu de son évanouissement ; la tristesse et la mélancolie disparurent, et il se mit à chanter avec eux (2). »

Quel que soit le nom dont on veuille décorer cet ensemble de phénomènes, il y a là certainement un état de nervosisme outré, analogue à l'hystérie et frisant la folie proprement dite. Pas n'est besoin de recourir aux hallucinations, aux visions diaboliques, nullement prouvées ; les moines de ce temps-là avaient, pour ainsi dire, toujours le diable à la bouche ; ils en voyaient

(1) *Ibid.*, p. 54.
(2) *Ibid.*, t. III, p. 241.

partout des légions et personne n'en a tant vu que
Luther. C'était une façon de parler (1) et il n'y
a pas lieu d'y attacher d'importance. N'oublions pas,
d'autre part, qu'il fut toute sa vie tourmenté par la
pierre.

Que si, maintenant, l'on demande quelle a été
l'influence sur l'œuvre de Mahomet et de Luther, de
leur nervosisme extrême, de leur indéniable état de
folie lucide, je répondrai, sans le moindre embarras,
qu'elle a été des plus heureuse à leur point de vue.
Autant le trouble de l'esprit, l'excitation nerveuse
désordonnée sont nuisibles à la réalité philosophique et
scientifique, autant leur action morbide s'exerce efficacement pour l'évolution progressive de cette perversité
qu'est la religion à tous ses degrés, mais principalement sous la forme monothéiste ; c'est pour cela que j'ai
nettoyé mon calendrier de tous les Mahomets et de tous les
Luthers, en dépit de l'influence considérable, mais
néfaste, exercée par eux sur l'évolution de l'esprit
humain.

Quant à ce qui concerne Socrate et Schopenhauer,
leur histoire sera bientôt dite. Lélut a consacré dans le
temps bien des pages inutiles (2) pour établir une
vérité contestée seulement par la philosophie orthodoxe
et éclectique, à savoir, que Socrate entendait la voix

---

(1) Et il en abuse ! « Le diable, dit-il, couche avec moi plus
près que ma Catherine. Il me donne plus de peine qu'elle de
joie »(Colloquia, ou Propos de table, cité dans la Fin de Luther,
du Dr Majunke, p. 220). « S'il s'obstine à ne pas me laisser tranquille, dit-il ailleurs, je lui réserve un pet (illi crepitum admitto
ventris). » (Propos de table, trad. par G. Brunet, Paris 1844,
p. 214.) On le voit, tout cela tourne en plaisanteries, et pas trop
raffinées.

(2) Lélut. Le démon de Socrate. Paris, 1836, 2e édition en 1855,
épuisée. On trouve actuellement dans le commerce une réimpression avec ce faux titre, où Lélut n'est pour rien : Le génie, la
raison et la folie. Paris, J.-B. Baillière et fils ; sans date.

d'un « esprit » que lui, Lélut, désigne assez improprement sous le nom de démon (1). Cet auteur a cru
rehausser encore l'importance de son travail en ressas-
sant les éloges dithyrambiques de la coterie spiritualiste en l'honneur de Socrate, de ce vieux bavard, ai-je
dit ailleurs, aussi peu Grec que possible, qui dut boire
la ciguë beaucoup moins pour cause d'irréligion qu'en
raison de sa haine pour la démocratie et de sa liaison
avec les plus vils des tyrans, assassins des patriotes et
destructeurs des libertés d'Athènes. (2) Car c'est là
le sens du deuxième chef de l'accusation portée contre
lui : καὶ τοὺς νέους διαφθείρων (3).

Quant au premier chef, il est topique au point de vue
qui nous occupe. L'homme était accusé de mépriser les
dieux de la patrie et d'introduire de nouvelles divinités :
ἕτερα δὲ καινὰ δαιμόνια εἰσφέρων. Pas n'est besoin, il me
semble, d'aller après cela feuilleter Platon, Xénophon,
Plutarque, Apulée, Ficin, Cousin et autres (4) pour
constater la réalité d'un fait incontestable, à savoir :
que dans maintes circonstances, Socrate entendait la
voix d'un esprit, d'un « délégué » divin qui, le plus
souvent, lui indiquait ce qu'il ne fallait pas faire. C'est
cette divinité qu'on lui reproche. Il s'agissait d'un
génie plutôt « inhibitoire » si j'ose emprunter ce vieux
mot, mais d'un génie dont il entendait positivement

---

(1) Improprement, parce que, à tort ou à raison, le mot *démon*
a pris dans notre langue une signification tout à fait différente du
δαίμων des anciens.

(2) A. Regnard. *Aryens et sémites*, p. 240 ; on trouvera toutes les
preuves à l'appui de cette opinion établie chez nous, dès 1736,
par Fréret, dans ses Observations sur les causes et quelques circonstances de la condamnation de Socrate (*Mémoires de l'Académie des Inscriptions*, t. XLVI.

(3) Voyez *Xenophont. memorabil.*, *passim*.

(4) Cf. Dr Sigurd Ribbing. *Ueber Socrates Daimonion*, in
Upsala Universitet Arsskrift (Upsala, 1870).

la voix, en bon halluciné qu'il était (1). Je n'insiste pas sur les extases du même individu à Potidée et ailleurs ; encore moins sur l'influence exercée par sa folie sur sa philosophie, qui se réduit, de fait, à un pur fracas de mots : *words! words! words!* Notre Fréret est plus sévère : « Le principe de Socrate (ses inspirations soi-disant divines) pouvait et devait, dit-il, mener au fanatisme le plus dangereux, à celui qui nous persuade que l'instinct aveugle qui nous pousse à certaines actions est une voix céleste dont nous devons exécuter les ordres sans examen (2). » J'ajoute que les Athéniens avaient une morale avant Socrate, quoi qu'en dise Hegel, et une morale formulée en principes positifs par Démocrite ; c'est de ce prince des philosophes que découle immédiatement l'incomparable éthique d'Aristote, éthique sans Dieu, sans Socrate et sans Platon.

Pour Schopenhauer c'est encore plus simple. Né d'un père probablement suicide (3) et d'une mère « femme de lettres », l'illustre auteur du *Monde comme volonté* et *comme représentation* a écrit entre autres choses sur l'art et le génie, sur le libre arbitre, quelques-unes des pages les plus belles, les plus philosophiques qui soient au monde. Admirateur de Voltaire et de son *Candide*, relisant sans cesse Helvétius et Cabanis, il a dressé, contre le déisme et ses aberrations, les plus irréfutables réquisitoires ; voilà pour le côté génial. Avec cela, et grâce à la tare héréditaire (4), il arrive à des formules transcendantalement idiotes sur les transfor-

---

(1) Voy. Lélut (*Loc. cit.*, p. 215 sq. de la réimpression) et surtout Platon et Xénophon, dans leurs « apologies » et les *Memorabilia* de ce dernier auteur, *passim*.

(2) Fréret. *Loc. cit.*, p. 262.

(3) Art. *Schopenhauer* (in Enc. Brit., t. XXI. London, 1886), par le professeur W. Wallace. « Son père, *qui avait donné quelques signes d'aliénation mentale*, se jeta ou tomba dans le canal. »

(4) Confirmée par l'acte de violence exercé par lui contre une

mations de la volonté et tombe dans l'ornière d'un
ridicule Bouddhisme, d'où il verse dans la croyance
à la magie, le tout dignement couronné par un testament dans lequel il lègue sa fortune « à la caisse de
secours fondée à Berlin en faveur de ceux qui avaient
en 1848 et 1849 défendu la cause de l'ordre (1). » Un
état de nervosisme outré, chez un dégénéré, peut
seul rendre compte d'aussi discordantes anomalies, non
exemptes d'une certaine analogie avec le cas de Pascal.

Rien de semblable ne se remarque chez le grand
homme dont il me reste à parler, Caius Julius César,
fondateur de l'empire romain, et atteint d'épilepsie. C'est
qu'en effet cette maladie, dans son sens propre, comprenant le *grand* et le *petit mal*, peut, lorsqu'elle n'offre
aucun caractère de gravité, c'est-à-dire, surtout, quand
les attaques sont rares, éloignées, laisser pendant longtemps les facultés mentales acquérir leur plus haute,
leur plus complète expression. J'aurais pu négliger
César en suivant l'avis de certains auteurs qui regardent
comme apocryphes, en raison de l'éloignement, ces
détails relatifs à la santé des hommes célèbres de l'antiquité. Mais je le répète, il en va pour l'histoire ancienne
comme pour la moderne : la critique ne perd jamais ses
droits. Or, dans l'espèce, les affirmations de Suétone et
de Plutarque présentent un caractère d'authenticité
incontestable. Le premier nous dit formellement que
César était épileptique : « Il était de haute taille, avec
le teint blanc, les membres bien faits, le visage plutôt
plein, les yeux noirs et brillants ; sa santé était robuste,
si ce n'est dans les derniers temps, où on le vit parfois

pauvre femme à laquelle, sans raison comme sans excuse, il
cassa le bras dans un impardonnable acte de brutalité. Un jugement, de 1826, le condamna à faire une pension à sa victime.

(1) Cf. C. Ribot. *La Philosophie de Schopenhauer*, p. 9. Paris,
Alcan, 1885.

perdre connaissance (*repente animo linqui*). De plus, « *comitiali quoque morbo bis inter res agendas correptus est* (1). » Ces deux attaques, survenues en pleine action, semblent avoir eu lieu, la première à Cordoue, un an avant Pharsale, la seconde en Afrique, à la bataille de Thapsus. « D'autres prétendent, dit Plutarque, que César ne fut pas présent à l'action ; qu'au moment où il rangeait son armée en bataille, il aurait été pris d'un accès de la maladie à laquelle il était sujet ; dès qu'il en sentit la première atteinte, et avant que le mal lui eût entièrement ôté l'usage de ses sens, il se serait fait porter, déjà saisi du tremblement (2), dans une tour voisine, où il attendit en repos la fin de l'accès (3). » Quoi qu'il en soit des détails, la réalité de la maladie paraît certaine.

Elle n'eut aucune influence, si ce n'est peut-être à la fin, sur la vie si extraordinairement active, si remplie du fameux dictateur. « Il excellait à manier les armes et les chevaux, supportait la fatigue au delà de toute croyance, marchait à la tête des légions, quelquefois à cheval, le plus souvent à pied, la tête découverte, par le soleil comme par la pluie. Il franchissait les plus grandes distances avec une merveilleuse rapidité, sans bagages et sur un chariot de louage, faisant cent milles par jour ; si les fleuves l'arrêtaient, il les traversait à la nage

---

(1) Suétone. *Julius Cæsar*. 45.

(2) "Ἤδη σαλεύμενον, déjà secoué (par les convulsions).

(3) Plutarque. *Vie de César*, 53 ; au paragraphe 17, il le signale comme sujet à des accès d'épilepsie (τοῖς ἐπιληπτικοῖς); je laisse de côté l'épisode relatif à la réception insolente faite par César au Sénat tout entier, venant lui décerner de nouveaux honneurs, et auquel il ne fit même pas celui de se lever. Ce qui choqua profondément à la fois le Sénat et le peuple romain, S. P. Q. R. Le dictateur aurait allégué ensuite sa maladie habituelle, d'après Plutarque ; il aurait été pris d'un vertige. D'autres ont dit et soutenu avec Bayle, qu'étant pris de colique et ayant « fait » dans sa robe, très sagement il ne voulut pas se lever et courir le risque de passer pour un « copronyme » avant la lettre.

ou soutenu par des outres gonflées, en sorte qu'il lui arriva souvent de devancer ses courriers.... A la nouvelle que son camp était assiégé en Germanie, il traversa les postes ennemis sous un costume gaulois pour rejoindre ses légions. Il fit le trajet de Brindes à Dyrrachium au milieu de l'hiver, malgré les flottes qui lui fermaient le passage.... (1) » En moins de dix ans, la Gaule, des Pyrénées au Rhin et de la Méditerrannée à l'Océan, est foulée dans tous ses recoins; ses *oppida*, ses marécages, ses forêts immenses sont forcés par sept ou huit légions romaines : c'est César qui les commande. La Bretagne, cette *terra incognita* au milieu de l'Océan, est visitée deux fois et conquise. Après cela, en quatre ans, Pharsale, les guerres d'Alexandrie et d'Afrique, celle d'Espagne — Thapsus et Munda — ; le destin de l'Univers se modèle au gré de ce génie étonnant, partout victorieux, terrible dans la bataille, clément après la victoire, et s'appliquant, la paix une fois faite, à en régulariser les bienfaits. En même temps écrivain, orateur, respectueux de la science, il réforme le calendrier, et confirme les lois frumentaires des grands tribuns, des fils de Cornélie. Continuateur des nobles Gracques et de Marius, vengeur du trop outragé Catilina, restaurateur du peuple aux dépens du Sénat romain, il périt assassiné par les sénateurs, par les membres de cette tyrannique oligarchie dont il avait définitivement ruiné la puissance.

Il mourut à cinquante-six ans, le jour des ides de mars de l'année 710. Prévenu de tous les côtés, il me paraît s'être abandonné à la fortune, comme un homme qui « n'en peut plus », n'ayant pas même l'idée de réagir, épuisé par les suites de l'épilepsie, diront les uns, — bien plus, selon moi, par le labeur d'une telle

(1) Suétone. *Loc. cit.*, 57, 58.

vie, par une série ininterrompue de travaux en regard desquels ceux d'Hercule paraissent comme une plaisanterie. Ses ennemis, y compris les historiens latins, ont répandu le bruit qu'il aurait voulu prendre le titre de roi, ce qui aurait accéléré sa chute. Comment ce grand homme, maître du monde, — et sachant ce que valait un roi, simple poussière en regard d'un citoyen romain, — aurait-il pu concevoir une idée aussi saugrenue? L'affaiblissement intellectuel aurait alors été plus grand, chez lui, qu'on ne peut le supposer. Possible qu'Antoine ait voulu suggérer la chose ; cela était dans les moyens du futur amant de Cléopâtre. Mais je crois très bien que, lorsqu'au retour de je ne sais plus quelle fête, des gens saluèrent le dictateur du titre de roi, il répondit sincèrement, sans y être poussé, et avec un sentiment d'orgueil amplement justifié, depuis, dans le cours des siècles : « Je ne suis pas roi, mais César » (1).

Ma tâche est terminée; j'ai montré que la folie n'était qu'une exception chez les hommes de génie (2 et 1/2 p. 100 environ). Chez les onze grands hommes aliénés, dont l'histoire vient d'être analysée, toujours la folie a fait tort au génie, comme tout lecteur non prévenu a pu s'en convaincre. Seuls les fanatiques religieux ont été

---

(1) L'égorgement de César est le pendant du meurtre de Tiberius Gracchus ; le coup de Brutus n'est que la répétition de celui de Scipion Nasica. Les circonstances extérieures ont fait illusion, et l'Histoire, parfois menteuse, a gravé, bien à tort, les noms des meurtriers du grand Jules à côté de ceux d'Harmodius et d'Aristogiton. Même le Dante, si justement sévère pour Cassius et Brutus placés par lui, avec Judas Iscariote, dans la triple gueule de Lucifer, le Dante, à la vue de Caton, ne peut s'empêcher de s'écrier au premier chant de son Purgatoire :

Liberta va cercando, ch'è si cara,
Come sa chi per lei vita rifiuta.

Tant il est vrai que les plus grands esprits n'échappent pas toujours à la tyrannie des formules, Caton étant, du reste, avec Cicéron, l'égorgeur des partisans de Catilina.

servis par leur état plus ou moins complet d'aliénation plus ou moins lucide ; pour moi, ainsi que je l'ai exposé, ces hommes-là ne sont pas de vrais héros de l'humanité, à laquelle ils sont au contraire funestes. Quant à César, son cas est à part comme se rapportant à l'épilepsie, laquelle, je le répète, lorsqu'elle est simple, avec accès clairsemés, ne peut être considérée comme s'identifiant avec l'aliénation.

La preuve que j'ai faite pour les génies, ajouterai-je, s'applique aux hommes de simple talent. Pour ceux-ci, il n'était pas possible de tabler sur des chiffres positifs, comme je l'ai fait pour les premiers. Mais le terrain étant déblayé, le sujet éclairci, que l'on prenne tous les Cardan, tous les Lenau, tous les Gérard de Nerval, tous les Hoffmann du monde, on n'en trouvera jamais que quelques centaines. Or, des hommes de simple talent, on en compte plus d'un millier par siècle ; sans entrer dans un plus ample examen, on peut affirmer d'emblée que la proportion des aliénés chez eux n'excédera pas celle dont nous avons constaté la réalité chez les vrais génies.

Qu'on ne s'y trompe pas, d'ailleurs. Lorsque j'ai établi plus haut une distinction positive entre le génie et le talent, je n'ai jamais eu l'absurde pensée de poser, entre ces deux catégories, une barrière infranchissable. Et la preuve, c'est qu'on voit, dans certaines familles, des séries de générations d'hommes de talent susciter l'éclosion d'un génie, comme c'est le cas pour Sébastien Bach. L'hérédité ne perd jamais ses droits, que contestent les seuls ignorants et les réacteurs de tout grade. Elle est bien la grande loi de nature, déterminant la philosophie de l'histoire par l'évolution nécessaire des races, comme elle domine la biologie tout entière par son action sur les individus. Mais c'est une loi infiniment plus complexe dans son évolution que ne

l'imaginent certains littérateurs ; elle ne peut amener
l'éclosion des génies que par le concours des circonstances les plus rares. Les gens s'étonnent de voir parfois un homme supérieur avec des enfants plus ou moins
bêtes ; ils oublient non seulement l'influence de la mère,
mais encore, et surtout, celle des ascendants des deux
conjoints. Et combien de fois, d'ailleurs, ne voit-on pas
deux frères, un frère et une sœur, presque entièrement
dissemblables au triple point de vue des caractères
physiques, intellectuels et moraux ? C'est que l'un des
enfants a pris tout ce qu'il y avait de bon, ou peu s'en
faut, dans la famille du père, par exemple, l'autre, ce
qu'il y avait de mauvais dans celle de la mère. Ainsi
s'explique très simplement le fait — d'ailleurs rare,
comme nous l'avons vu — d'un grand homme ayant une
mère ou une sœur folle ; et c'est pure fantaisie, je crois
l'avoir démontré par les chiffres, que de voir dans la
folie de la sœur ou de la mère l'explication du génie du
frère ou du fils.

D'autre part, arguant de cette rare reproduction des
hommes de génie et de l'extinction, à la longue, des
familles qui en produisent, les disciples de Rousseau,
les « hommes de la nature », et autres Tolstoïciens,
nous montrent la réalisation de l'idéal humain dans la
rudesse, l'ignorance et l'imbécillité. C'est une pure
niaiserie, un aspect spécial du sentiment judéo-chrétien de l'ascétisme et de l'humilité, véritable dogme
d'aplatissement, morale d'esclaves et de dégénérés si vi-
goureusement flagellés — dans ses écrits lucides — par
le grand et malheureux Nietzsche (1).

Certes, nous savons bien que, si le monde est éternel,
la terre, née dans le temps, aura une fin, et que toute

---

(1) Encore un chez qui la folie a étouffé le génie en pleine
évolution.

évolution suppose une régression. Mais si la plate théorie du progrès forcé et indéfini s'en trouve atteinte, cela n'entraîne aucunement la démonstration des hypothèses bouddhiques et pessimistes. Les siècles des siècles, à défaut de l'éternité — et quel est le sage qui en voudrait? — sont encore ouverts à l'activité humaine.

La *gens* Julia, la famille des Bourbons, par exemple, suffisent à montrer que, pendant plusieurs centaines d'années, des générations successives peuvent se maintenir avec une certaine moyenne intellectuelle, tout en produisant à l'occasion un Jules César ou un Henri IV. Au surplus, la valeur de la vie des peuples comme des individus, au point de vue du bonheur même, est dans l'intensité, non dans la durée ; et pour emprunter la belle parole d'un historien anglais, mieux vaut, à tout prendre, un jour du siècle de Périclès qu'un siècle d'une époque d'obscurantisme et d'abrutissement.

Il y a donc encore de l'espoir, et ce n'est pas le moment de s'écrier avec les hommes de la nature, et après Pascal : Abêtissons-nous ! Si tout n'est pas bien, ainsi que l'a démontré Voltaire, au moins tout peut-il s'améliorer, et nul, plus que ce grand homme, n'a travaillé avec plus d'ardeur et de succès à un perfectionnement, à une épuration si nécessaires.

Le génie, élément *sine qua non* de la solution du problème, sera toujours une énorme exception. Qu'on ne dise plus, désormais, qu'il confine à la folie ; au plus bas de l'échelle sont les imbéciles, les fous complets et ces fous moraux, appelés « criminels », que M. Lombroso, je le reconnais une fois de plus, a le mieux caractérisés ; au sommet, les hommes de génie, en d'autres termes, les Héros de l'Humanité, dont l'organisation cérébrale parfaite constitue l'épanouissement suprême des forces organiques, l'essence et la quintessence de la Nature et de la Vie. La destinée des peuples a pu se trouver parfois entre les mains d'aliénés ; mais ceux-ci n'avaient rien à faire avec le génie, et si certains héros du fanatisme religieux ont pu exercer la plus fâcheuse influence sur ces destinées, ils ne l'ont fait qu'en exploitant les instincts les plus inférieurs de l'espèce humaine.

En démontrant que la réalité objective du génie résulte précisément du fonctionnement du cerveau à son plus haut degré de perfection, on ruine du même coup la théorie de « l'homme de la nature ». Peut-être l'avenir n'est-il pas aux *fils* des grands hommes ; mais, ainsi que le passé, il appartient aux grands hommes, et non, comme le prétendent les Tolstoïciens, aux médiocrités. Cette doctrine n'est pas celle de l'individualisme, quoi qu'en disent certains académiciens plus riches en insolence qu'en connaissances, et qui, ne voulant pas honorer la grandeur des hommes, s'aplatissent devant un soi-disant Dieu, devant une idole, produit momifié de l'esprit humain dans son enfance ; c'est bien plutôt la grande thèse sociale, expression de cette vérité, à savoir : que par le développement et l'exercice des plus hautes facultés mentales, mises nécessairement au service de tous, l'Humanité arrive à réaliser, dans le temps et dans la mesure du possible, sa véritable fin indiquée déjà par Aristote, sa suprême et indéniable aspiration, — le bonheur commun.

TABLE ANALYTIQUE

Paris. — L. MARETHEUX, imprimeur, 1, rue Cassette.

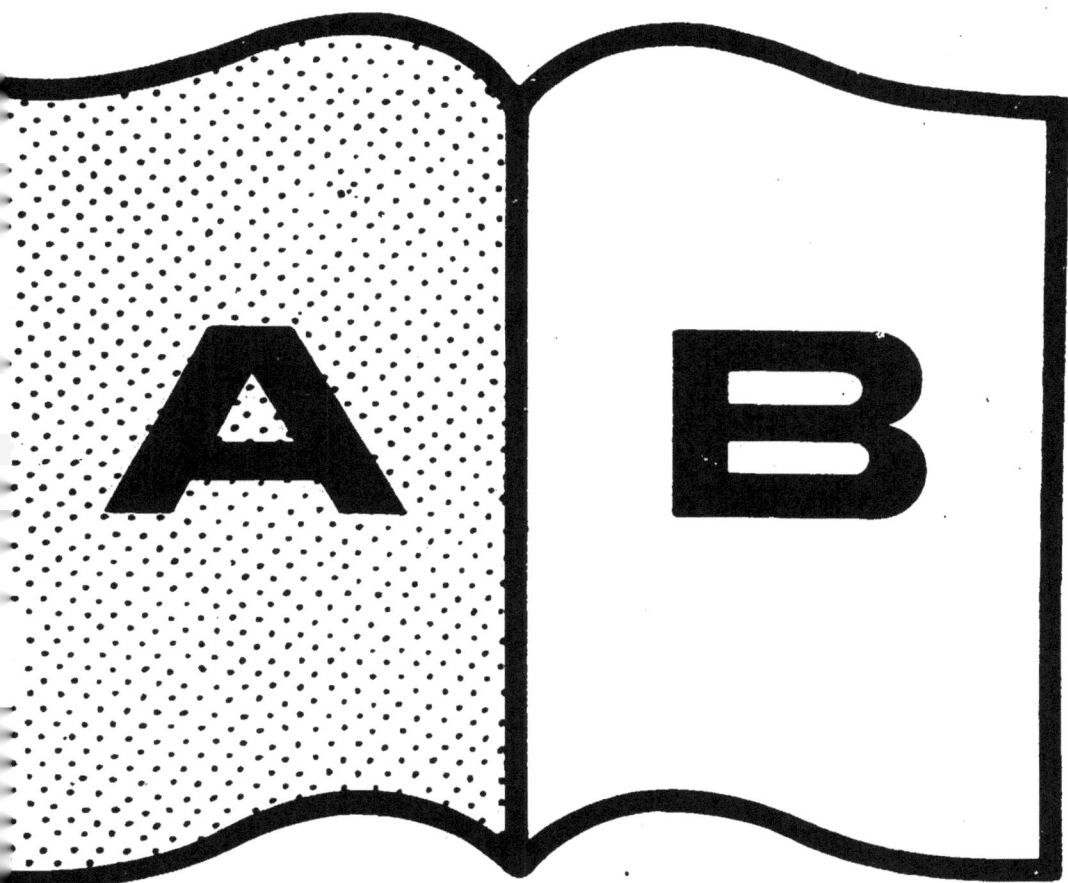

Contraste insuffisant

NF Z 43-120-14

www.ingramcontent.com/pod-product-compliance
Lightning Source LLC
Chambersburg PA
CBHW072247270326
41930CB00010B/2298